나는
왜 집중하지
못하는가

나는
왜 집중하지
못하는가

37년 정신의학 전문가가
전하는 복잡한 머릿속을 꿰뚫는
성인 ADHD의 모든 것

반건호 지음

라이프 앤 페이지
Life & Page

깜깜하고 울퉁불퉁한 길 위에서

용기 내어 걸어가는 당신에게

성인 ADHD,
함께 가는 여정 앞에서

"제가 ADHD가 아닐까 의심스러워요. 한 가지 일에 집중하지 못하고 끈기가 없고, 자려고 누우면 생각에 생각이 꼬리를 물어서 잠들기가 어려워요. 어린 시절에는 그래서 많이 혼났어요."

대화를 할 때 상대방 이야기가 귀에 잘 들어오지 않고 그러다 불쑥 상대방의 말을 끊고 자기가 하고 싶은 말만 한다, 해야 할 일을 제시간에 끝내기 힘들고 정리정돈이 어렵다, 체계적으로 일을 하지 못하고 일 마무리도 엉망이다, 해야 할 일 중에 꼭 한 가지씩 빼먹어서 난감한 일도 많다. 혹시 이 이야기들이 왠지 내 일처럼 느껴지지는 않은가?

최근 들어 성인 ADHD에 관한 우리 사회의 관심이 높아지면서 병원을 찾는 사람들이 많아지고 인터넷에서는 성인 ADHD 자가진단 설문이나 고민 글이 눈에 띄게 늘기 시작했다. 현장에 있는 나 역시 이 같은 관심이 피부로 느껴진다.

그렇다면 도대체 ADHD란 무엇일까? ADHD는 Attention Deficit/Hyperactivity Disorder의 줄임말로, 우리말 공식표기는 주의력결핍/과잉행동장애이다. 그런데 이 명칭을 가만 들여다보면 고개가 갸우뚱해진다. '주의력결핍'에서 '결핍'이라는 게 '아예 없다'는 건지, '조금 부족하다'는 건지, 아니면 '필요할 때 주의력이 제대로 작동하지 않는다'는 것인지 혼란스럽다. 과잉행동도 마찬가지다. 평소 회식 자리에서 분위기를 잘 띄우는 사람이나, 친구들 사이에서 '오버한다'는 소리를 듣는 경우도 과잉행동인가? 이처럼 개념이 애매하다 보니 많은 사람들이 자기도 ADHD가 아닐까 고민하게 되는 것일 수 있다.

진단은 정신과 전문의와 오랜 상담 후에 내려진다. 막상 병원에서 ADHD 진단을 받으면 당황스럽고 세상이 무너지는 기분이 든다는 사람들이 많다. 이제까지 모르고 살았는데 어릴 때부터 병이 있었다고 하니, 앞으로 무엇을 어떻게 해야 하는 것인지 혼란스러운 것이다. 반대인 사람들도 있다. 평생 '나는 왜 이럴까?', '나는 뭘 해도 안 돼!'라고 생각하고 살았는데

ADHD 때문이라니 오히려 고맙다는 생각이 든다는 것이다. 내가 문제인 줄 알았는데 병 때문이라니 해결책이 생길 것 같아 다행이라고 여긴다. 그렇지만 어떤 경우든 지금까지 살아온 틀을 버리고 일상을 새롭게 ADHD에 맞춰 재배열해야 하는 것은 환자와 가족들을 답답하고 힘들게 하는 문제다.

환자들이 참고할 만한 책이나 인터넷 사이트를 알려달라고 하면 몇몇 서적이나 대한소아청소년정신의학회 회원들이 운영하는 www.adhd.or.kr이라는 누리집 주소를 알려드린다. 아동 ADHD에 관한 책은 있는 편이지만, 성인 관련 책은 생각보다 찾기 힘들다. ADHD는 하나로 명확하게 규정하기 어려운 점이 많은 질병이다. 게다가 지금까지 아동에게만 국한된 관심으로 질병 데이터도 충분치 않다. 병원을 찾아온 사람들이 답답한 마음에 정리되지 않은 질문들을 던지는 것을 지켜보며 그동안 성인 환자들을 접하면서 배우고 느낀 내용들을 책으로 내면 환자와 가족들에게 도움이 되겠다는 생각을 하게 되었다.

이 책에서는 오랜 시간 ADHD를 지켜본 전문가로서 ADHD에 대한 생각을 사람들과 함께 나누고자 했다. 최근 신경다양성Neurodiversity이라는 개념이 등장하면서 ADHD나 자폐, 아스퍼거 등도 신경발달과정상의 차이일 뿐 병이 아니라는 주장이 대두되고 있다. 뇌에서의 신경발달은 사람마다 다르게 진행되는 것은 맞지만, 그중 발달과정에 문제가 생긴 부분이 장애 수준의 불편함을 주기 때문에 ADHD를 병이라고 하는 것이다. ADHD에 대해 어떤 편견도 가질 필요 없이 치료에 집중하는 것이 우선이다. 무엇보다 중요한 것은 병을 알게 되면 병이 불러온 문제를 상당 부분 해결할 수 있다는 점이다.

ADHD라는 이름이 우리 곁에 온 것은 그리 오래되지 않았다. 내가 왜 그랬는지 병명을 아는 것만으로도 자신을 보호할 수 있다. 자책으로 삶을 소진하면서 자존감까지 갉아먹는 반복적인 좌절의 경험을 이제라도 끊어내는 것은 나 자신을 위한 당연한 권리이기도 하다. 그래서 더욱 ADHD에 대해 제대로 접근하는 것이 필요하다.

이 책은 ADHD로 진단받아 치료하고 있는 이들과 그 가족들을 위해 쓰였다. 또한 ADHD인 줄 모르고 지내고 있지만, 진단과 치료가 필요한 성인들을 위한 책이기도 하다. 확실하게 진단받은 몇몇 사람들을 빼고는 누가 진짜 ADHD인지 아직 아무도 모른다. 그러니 이 책은 집중력 부족과 정리되지 않은 일상으로 고민하는 거의 모든 성인들에게 해당될 수도 있을 것이다. 성인 ADHD가 무엇인지 궁금한 이들뿐 아니라, 평소

ADHD라는 말을 들으면 괜히 마음이 불편하다거나 ADHD를 약으로 치료하는 것이 못마땅한 이들에게도 도움이 될 수 있다.

책은 크게 네 가지 구성으로 이루어져 있다. 첫째, 성인 ADHD는 무엇이고 어떤 유형이 있으며, 과연 내가 ADHD와 어떤 연관성이 있는지 확인하는 진단 과정을 담았다. 둘째, 성인 ADHD의 오해와 편견, 거짓 정보를 가려내는 기준을 제시하여 성인 ADHD에 대한 혼란을 막고자 했다. 셋째, 우리 생활과 밀접한 ADHD의 어려움을 짚어내 일상 속 변화의 방법을 정리해보았다. 마지막으로 인생궤적 연구가 증명한 역사 속 인물과 내가 직접 경험한 사례를 통해 ADHD의 희망의 길을 열어보고 싶었다. 덧붙여 이 책에 소개된 사례들은 실제 환자들의 증상을 인용한 부분이 있으나 성별, 나이, 직업 등의 개인 정보는 모두 다르게 각색되었다는 점을 밝혀둔다.

책을 쓰면서 떠올린 책이 있다. 1999년부터 10년 이상을 〈해리 포터〉 소설과 영화 시리즈에 빠져서 헤어나지 못한 적이 있다. 1년에 한 편 나오는 책을 기다렸다가 출간되자마자 사 들고 오면 다 읽을 때까지 무슨 일이 있어도 꼼짝하지 않았다. 나중에 내가 책을 쓰면 이렇게 빠져들 수밖에 없는 재미있는 책을 쓰고 싶다고 생각했다. 하지만 아쉽게도 독자들이 원하는 지식과 답을 제공해야 한다는 사명감이 책을 재미없고 무겁게 만든 것은 아닐지 걱정이 앞선다. 그럼에도 책을 쓰면서 바랐던 마음은 변함없다. 이 책을 읽는 동안 ADHD에 빠져들어 궁금, 걱정, 기대, 탄식, 클라이맥스와 희망으로 이어지는 책이 되기를 바라는, 그 마음 말이다.

성인 ADHD의 영역은 이제 시작이다. 앞으로 업데이트할 내용이 쌓이면 성인 ADHD 시즌 2에서 더 유익하고 정확한 정보를 제공하게 될 수도 있다. 하지만 이런 시도를 신호탄으로 더 많은 이야기들이 모이고 힘이 되는 정보들이 쌓여가리라 생각한다. 세상의 변화는 이렇게 시작하는 힘에서 나온다고 믿는다.

바람이 있다면, 이 책을 통해 ADHD 열차에 탑승한 모든 승객들이 안갯속에 갇힌 ADHD의 실체를 파악하여 외로운 싸움에서 승리할 수 있기를 바란다. 홀로 걷는 길이 아니라 함께 가는 길이라는 희망으로 용기와 위로를 얻어갈 수 있다면 그보다 더 큰 보람은 없을 것이다.

2022년 봄 반건호

차례

3부

일상으로 돌아가기 위한 변화의 이야기

1부

양파 같은 성인 ADHD, 그 실체와의 만남

1장
성인 ADHD가
우리 곁에 오기까지

성인 ADHD의
첫 기억

30여 년도 더 된, 아주 오래전 만났던 환자가 있다. 그 환자는 어릴 때 성격도 밝고 공부도 잘하는 학생이었는데, 중학교에 들어가면서부터 친구 사귀기를 어려워했다. 친구들 사이에서 잘난 척을 하며 허세를 부렸고, 분위기를 잘 파악하지 못하고 눈치가 없기 때문인 듯했다. 원만하지 않은 학교생활로 성적이 떨어지고 술, 담배에 손을 댔다. 고등학교 진학 후에 술을 마시고 학교를 무단결석하는 일이 많아지면서 부모가 억지로 정신과 진료를 받게 하였고, 의사와 상의 하에 입원치료를 받기로 했다. 입원을 하고 술을 마시지 않으니 덜렁거리기는 해도 똘똘하고 귀여운 고등학생일 뿐이었다. 하지만 퇴원 후 다시 술을 마시고 외래 진료 약속도 잘 지키지 않았다.

술을 마시면 통제가 되지 않았고 흥분한 상태로 집에서 부모를 폭행하거나 물건을 부수기도 해서 경찰이 출동하기도 했다. 감정기복이 심해서 조울병을 진단받고 다시 입원해서 치료했다. 퇴원 후 약물치료도 착실히 받으면서 뒤늦게 공부한 끝에 지방 2년제 대학에 진학했고, 군대도 다녀왔다. 복학 후 열심히 공부하더니 이름 있는 4년제 대학의 편입 시험에 합격했다. 그리고 학교에 다니는 동안 지도교수의 눈에 들어 대학원까지 진학했다. 그런데 논문과 공부 압박이 심해져서인지 다시 술을 마시기 시작했고 감정기복이 심해졌다. 다른 병원에 입원했다가, 세 번째 입원은 내가 있는 병원으로 오게 되었다.

입원 기간 동안 그 환자를 지켜보면서 전형적인 조울병과 차이가 있다는 생각이 들었다. 감정기복이 있지만 조증처럼 카드를 막 긁는다든가, 황당한 과대망상 증상은 없었고, 중간중간 우울증세도 두드러지지 않았다. 학교를 가지 않는 이유도

우울증 같은 무력감이나 공부가 싫은 것보다는 공부할 때 계속 딴생각이 꼬리를 물기 때문에 도무지 집중이 되지 않는다고 했다. 머릿속에 가득 찬 생각들이 목표로 하는 일들을 제대로 할 수 없게 만든 것이다.

문득 환자의 어린 시절이 궁금해졌고, 학교생활기록부를 요청했다. 아니나 다를까, 초등학교부터 고등학교까지 전형적인 ADHD 진단 기준에 부합하는 내용이 모두 적혀 있었다. 예를 들어, '지속성이 부족하여 매우 산만함', '정리정돈이 미비함', '자제력이 부족함', '안정감이 부족하여 항상 주의 깊게 살펴야 함', '집중하지 못하고 멍 때리는 일이 많음' 등이었는데 학창 시절 내내 이런 평가를 받아온 것이다. 하지만 그간 치료받은 기록에 ADHD 관련 내용은 전혀 없었다. 입원이나 외래 치료 시 음주 문제, 등교거부, 친구관계, 폭력적 행동, 감정조절 등이 우선 해결과제였기 때문에 ADHD를 생각하기는 어려웠을 것이다. 고등학생 때부터 정신과 치료를 받기 시작한 것도 진단에 어려움을 주었을 것이다. 특히 당시에는 ADHD가 아동에게만 해당되는 병이지 성인의 병이라는 생각이 없을 때였다. ADHD가 확실해 보였지만, 진료를 본 나 역시 조울증 외에 ADHD라는 진단을 붙여도 되는지에 대해 고민할 수밖에 없었다. 돌이켜보면 내가 만난 첫 성인 ADHD 환자였기 때문에 그 기억이 생생하다.

페니드로 인한 새로운 변화

성인 ADHD를 연결하는 강렬한 기억은 또 있다.

역시 오래전, 1980년대 중반 정신과 전공의 시절의 일이다. 외래에 나이가 나랑 비슷한 젊은 남자 환자가 왔다. 어느 날부 터인가 직장에서 일하다 갑자기 조용해져서 보면 잠이 든 상태 였고, 저녁에 식구들과 텔레비전으로 코미디 프로를 보면서 너 무 재미있어서 깔깔 웃다가도 픽 쓰러져 기절하곤 했다. 그러 다가 금세 다시 일어난다고 했다. 그럴 때면 무슨 일이 있었는 지 기억하지 못했다.

무엇보다 직장에서 기계를 다루는 일을 했는데, 근무 중 갑 자기 잠이 드는 일이 생기면서 위험성을 깨닫고 병원을 찾아왔 다. 진단은 어렵지 않았다. 바로 '기면병'이었다.

기면병 환자를 직접 본 적이 없는 전공의인 나도 진단할 수 있을 만큼 전형적인 기면병이었다. 병에 대해 설명하고 치료 필요성을 설득하였고 다행히 환자도 동의해주었다. 교과서에 있는 대로 치료약물인 중추신경자극제인 모다피닐이나 메틸페니데이트를 처방하려고 했는데, 당시 국내에는 없는 약이었다. 지금처럼 인터넷 검색, SNS 등 다양하게 정보를 구할 수 있는 방법이 있었다면 좋은 해결책을 빠르게 찾아낼 수 있었을지도 모르지만 방법을 찾지 못해 막막한 상태였다. 환자 본인은 물론 정신과 교수님도 나서서 사방을 수소문한 끝에 용산에 있는 미8군 병원 정신과에서 메틸페니데이트 계열의 약물인 리탈린을 사용하고 있다는 걸 알게 되었다. 하지만 미군 군의관은 환자의 딱한 사정은 알겠지만, 자기들도 관리 대상 약품이라 한국 민간인에게 처방할 수는 없다고 했다.

환자에게는 인생이 걸린 문제였고, 주치의인 내게는 환자의 치료를 위해 꼭 필요한 약이었다. 유전자 검사를 통해 기면병임을 확인하고(당시는 수면다원검사가 도입되기 전이었다) 어렵게 약을 구했다. 그 일로 정신과 약물은 다가가기 매우 까다로운 상대라는 사실이 머릿속에 각인되었고, 약물에 대해 다시 바라보게 되었다.

ADHD의 주 치료제 중 하나인 메틸페니데이트를 정식으로 처음 만난 건 그로부터 3년이 흐른 뒤였다. 1989년 우리나라의 한 제약회사에서 메틸페니데이트를 '페니드'라는 이름으로 수면발작(기면병)과 ADHD에 대해서 사용 승인을 받고 판매하기 시작했다. 얼마나 기다렸던 메틸페니데이트였던가. 우리나라의 ADHD 역사는 이때부터 활발해지기 시작했다고 해도 과언이 아니다. 치료제가 있으니 많은 의사들이 기면병이나 ADHD에 관심을 갖게 되었다.

기면병은 환자 발생이 드문 편이라 그보다는 발생빈도가 높은 ADHD라는 다소 생소하고 발음하기 어려운 병에 자연히 더 관심이 쏠렸다. 하지만 페니드가 작용시간이 짧아서 하루에 2~3회 약을 복용하는 것이 학교 다니는 아이들한테 현실적으로 쉬운 일이 아니다 보니, ADHD 거품은 얼마 후 곧 가라앉았다.

2000년대 들어 메틸페니데이트 서방형과 오로스 제제 등이 사용 승인을 받았다. 이들 약은 작용시간이 길다 보니 하루 종일 학교에 있는 중·고등학생한테도 사용하기 수월했다. 그런데 미디어에서 마약류 사용이 늘었다는 부정적 기사가 쏟아졌다. "애들한테 마약을 먹이다니!" 강남 학원가에서 일명 '공부 잘하는 약'으로 통하며 오남용된다는 소문이 돌았고, 기자들은 유명 정신과 의원에 잠입취재 보도까지 했다. 자극적인 기사들의 홍수 속에서 치료를 받아야 하는 환자나 가족들은 물론, 치료를 해야 하는 소아정신과 의사들 모두 당황했다. 많은 사람들에게 ADHD를 인식하게 해준 사건이었지만 시간이 지나며 관심은 점차 사그라들었다. 하지만 그때까지도 ADHD의 영역은 아동에게만 머무르고 있었고, 성인 ADHD 치료는 여전히 한계가 존재했다.

성인 ADHD, 치료의 길을 열다

1989년 메틸페니데이트의 사용 승인으로 국내 ADHD는 새로운 국면을 맞이했으나 이때 간과한 것이 있다. 페니드의 ADHD 사용 기준에 '소아청소년환자'라는 단서가 있었다. 처음부터 '성인'은 빼고 시작한 것이다.

ADHD 진단 기준이 마련될 당시 ADHD는 소아기에 시작하는 장애로 분류되었다. 그런데 시간이 흐르고 외래에서 진료받던 아이들이 만 18세가 되면서 문제가 생겼다. 그 전까지는 ADHD 약 처방을 받으면서 보험 혜택을 받았는데 만 18세가 되는 날부터는 보험 적용이 사라졌다. "증상이 계속 있는데 왜 보험 적용은 안 되나요?" 너무나 당연한 의문이었다. 성인 ADHD에 대한 의료보험제도의 검토가 시급해졌다.

2013년, 만 18세 전에 ADHD로 진단받은 적이 있는 아이들에 한해, 성인이 돼도 약물치료에 보험 혜택을 받게 되었다. 다시 말해, 어른이 된 뒤에 ADHD 진단을 받은 사람은 보험 혜택을 여전히 받을 수 없었다. '성인' ADHD 문제를 인식하기는 했지만 아직 절실하게 와 닿지는 않았던 것이다. 성인 ADHD의 방향은 여전히 길을 잃은 상태였다.

ADHD 진료의사들은 ADHD의 유전적 영향력을 주목할 수밖에 없었는데, 실제로 진료를 하다 보면 ADHD가 있는 아이의 부모들이 아이들과 비슷한 성향을 보이는 경우가 꽤 많다는 것을 실감하기 때문이다. 부모 세대에는 ADHD라는 진단이 없을 때였던 터라 자신들의 문제를 병으로 생각하지 않았다. 아이들을 제대로 치료하려면 부모의 협조가 필수적인데, ADHD 성향이 있는 부모들은 어린 시절의 자기랑 비슷한 행동을 하는 자녀가 병이라고 진단받는 것에 거부감을 느꼈고, 약물치료를 받는 것은 더욱 싫어했다.

소아정신과 의사들은 더욱 성인 ADHD에 대해 심각하게 고민하기 시작했다. 어릴 때 병원에 간 적이 없고 진단을 받은 적이 없다고 해서 ADHD가 아니라고 할 수는 없기 때문이다. 자연히 성인 ADHD를 진단하는 방법을 찾아내기 시작했다. 외국의 성인 ADHD 진단 설문을 사용할 수 있기는 했지만 설문 항목에 우리나라 문화나 실정에 맞지 않는 내용들이 있었고, 저작권료를 지불해야 하는 등의 문제가 있었기 때문에 우리나라 실정에 맞고 저작권료를 지불하지 않는 한국형 검사방법을 개발하기로 했다.

이와 함께 어른이 되어서야 ADHD 진단을 받게 되는 사람들에게 의료보험 혜택이 주어질 수 있도록 국민건강보험공단에 건의하는 노력도 계속되었다. 옛날부터 쭉 있던 병이었는데도 모르고 살긴 했지만 이제라도 병이라는 걸 알게 되었으니 성인 ADHD가 의료보험 적용이 안 될 이유는 없지 않은가. '어른'인데도 ADHD인 것이 잘못은 아닌 것처럼 말이다.

질병을 해결하고 발전하는 역사를 돌이켜보면 제도적인 기여를 무시할 수 없다. 제도가 개선되면 여러 가지 방법들이 열리게 된다. 성인을 진료하고 치료를 힘들게 하던 제도적인 걸림돌들이 서서히 제거되기 시작하면서 성인 ADHD는 더욱 한 발짝 가까워지고 있었다.

우리나라는 전 국민의 97% 정도가 국민건강보험에 가입되어 있고, 2~4%는 의료급여로 정부에서 치료비를 지원받고 있다. 이렇듯 뛰어난 전 국민 의료보장제도가 있는 나라가 많지 않기에 건강보험공단의 의료보험 지원은 매우 의미가 있다.

2016년, 어른이 돼서 진단을 받고 단일 약제를 사용하는 경우에도 국민건강보험 혜택을 받을 수 있도록 의료법이 개정되었다. 단, ADHD 진단을 받으면 중추신경자극제나 비중추신경자극제, 한 가지 약물만 사용하도록 규제하였다. 그러다 3년 후 2019년 12월부터는 진단 후 한 달간 한 가지 약물만을 사용하고 효과가 부족하다고 판단되면 두 종류의 약물을 사용할 수 있도록 규정이 바뀌었다. 이제야 성인 ADHD를 진단하고 치료하는 데 걸려 있던 족쇄들이 상당 부분 풀렸다. '아동 ADHD'와 '성인 ADHD'가 서로 다른 병이 아니고, 차별해야 할 이유가 없었는데도 ADHD에 '성인'을 붙여야 했던 이유 없는 걸림돌들을 치우는 데 수십 년이 걸렸다. 장막이 걷히니 시야가 트이고 이제야 제대로 '성인 ADHD'를 상대해볼 수 있게 된 것이다.

2장
성인 ADHD는 어떤 모습으로
나타나는 걸까

수면장애로
찾아온 환자

불면증으로 고생하던 20대 여성 A씨는 어느 날 ADHD 진단을 받은 직장동료로부터 A씨도 ADHD 같은 데가 있다는 얘기를 들었다. 그때는 흘려들었지만 얼마 후 친구가 알려준 ADHD 자가진단 테스트를 해보니 거의 모든 항목에 해당되는 것으로 나와 내심 깜짝 놀랐다. 그럼에도 병원에 가는 일만은 내키지가 않아 차일피일 미뤘는데 결국 불면증 문제가 심해져서 ADHD 검사도 해볼 겸 정신건강의학과를 찾았다.

ADHD 관련 평가와 면담이 진행된 후, 의사는 평가상 ADHD 소견이 있으며 수면 문제도 ADHD 증상 중 하나일 수 있으니 수면유도제보다는 ADHD 치료약물 사용을 권했다. 불면증 때문에 병원을 찾았던 A씨로서는 충격이 아닐 수 없었다.

A씨는 어릴 때부터 아침에 일어나기가 무척 힘들었다. 늘 아침에 일어나면 머리가 맑지 않아서 학교에 가는 것이 싫었다. 어른이 되고 나서는 커피를 많이 마셨고, 오후 2시는 넘어야 머리가 맑아지는 것 같았다. 그녀는 다른 사람들도 당연히 아침이면 머리가 멍할 것이라고 생각했다.

초등학교 시절 교사들은 A씨를 '비현실적인 아이'라고 했다. 정해진 규칙에 대해 이야기하면 "왜 그렇게 해야 하는데요?" 하고 늘 반문했기 때문이다. 그녀는 하기 싫은 일도 해야만 할 때가 있는 것을 도무지 이해할 수가 없었다.

중학교 때는 친구들과의 관계 때문에도 힘들었다. A씨는 보이지 않는 규칙이나 관습 같은 것에 익숙하지 않아서 다른 친구들에게 상처를 주기도 하고 자신이 상처를 받기도 했다. 쉬는 시간에 친구들이 같이 화장실을 가거나, 방과 후에 친구를 기다렸다가 함께 교문을 나서는 등 또래 여자친구들이 하는 일들이 이해가 되지 않았다. 그래서 오히려 여자친구들보다 남자아이들과 많이 어울렸고, 거친 장난을 즐기다 벌을 받기 일쑤였다.

A씨의 학업성적은 우수한 편이었다. 지능이 높았고, 책도 많이 읽었다. 하지만 소설이나 이야기책처럼 자신이 관심 있는 책만 많이 읽었다. 고등학교는 외고에 진학했는데, 기숙사 생활이 발목을 잡았다. 기숙사에서는 규칙적으로 생활해야 했고, 지켜야 할 규율도 많았다. 아침 일찍 일어나 식당으로 이동해 밥을 먹고, 야간에는 소등 시간이 되면 불을 꺼야 했는데, 항상 수면 문제가 있어왔던 A씨에게는 고역이었다. 결국 일반 고등학교로 전학을 했다.

대학을 졸업한 후에는 관심 있는 단체에 자원해서 봉사활동을 열심히 했다. 보수가 없었지만, 마음에 드는 일이라 흠뻑 빠져들어 하다 보니 포상금을 받을 정도였다. 그때 봉사활동을 하면서 만난 사람에게 ADHD 같다는 이야기를 처음 들었다.

치료 이후
조금씩 달라진 삶

학창 시절, A씨가 또래 친구들과의 사이에서 어려움을 겪었던 이유 중 하나는 ADHD의 과잉행동/충동성 유형의 환자들이 보이는 '눈치 없는 언행' 때문이었을 수 있다. 잘난 척하는 행동으로 오해받기도 하는데, 또래 사이에서의 당연한 불문율을 알아차리지 못해 일어나는 현상이다.

A씨를 오래 괴롭힌 수면의 질 문제 역시 ADHD 환자들이 갖고 있는 흔한 문제 중 하나이다. 환자 입장에서는 '불면증'이라고 호소하지만 사실은 본인의 생활습관과 수면을 위한 뇌의 작동중단 스위치가 제대로 작동하지 못해 생기는 증상이다. 잠자는 시간과 일하는 시간을 구분해야 하는데, ADHD의 뇌는 계속 활동하고 싶어 하기 때문에 잠들기도 어렵고 자고 나서도 개운하지가 않다.

A씨는 페니드보다 작용시간이 길고 콘서타보다는 작용시간이 짧은 메틸페니데이트 서방형 제제를 처방받았고 약을 복용하면서 수면 문제가 개선되었다. 약을 복용한 뒤 잠자는 것도 수월해졌고, 무엇보다 아침에 일어났을 때 머리가 맑은 것이

놀라웠다.

수면 문제가 해결되면서 다른 효과도 느껴졌다. 전에는 가사가 긴 노래를 좋아하지 않았는데 가사가 들리기 시작하면서 노래 듣기를 좋아하게 되었다. 손으로 액세서리 만드는 것을 좋아했지만 차분히 앉아 있기가 어려워서 오래 할 수가 없었는데, 이제는 하고 싶은 만큼 지속해서 할 수 있게 되었다. 매일 약 먹는 습관을 유지하게 되면서 다른 생활습관을 만들고 싶은 의욕도 생겼고, 이제 잘할 수 있을 거라는 자신감도 생겼다. 전에 없던 시간 관념이 생기면서 장기적인 계획을 세우는 것도 가능해졌다.

ADHD의
원인과 증상은

그렇다면 이쯤에서 ADHD는 도대체 무엇인지 짚어보기로 하자. 공식 진단 기준이 있지만 ADHD 증상은 복합적으로 작용하고, 개인 차이가 많아서 명쾌하게 진단 여부를 가리기가 쉽지 않다. 하지만 아는 만큼 보인다고 하지 않는가. 막연한 두려움을 걷어내고 ADHD를 파악하는 것이 필요하다.

ADHD의 원인에 대해서는 아직까지 정확하게 밝혀진 것은 없다. 다만 ADHD 환자의 뇌는 대뇌피질 중 전두엽의 앞부분인 전전두엽의 발달이 또래에 비해 지연된 것으로 본다. 연구에 따르면 ADHD 아동들은 비ADHD 아동들에 비해서 뇌의 발달 속도가 느리다. 전전두엽은 실행, 기억, 판단, 계획, 반응 조절 등의 기능을 담당하는 곳으로 행동을 통제하고 집중력을 유지시킨다. ADHD 환자의 경우 전전두엽의 신경전달물질인 도파민, 노르에프네프린의 기능 저하가 나타난다.

ADHD는 아동기 때부터 주의집중 부족, 불필요한 과잉행동, 부적절한 충동행동이 계속 나타나고, 그로 인해 가정과 학교생활, 또래관계 등에 문제를 겪게 된다. 집중력이 부족해서 뭔가를 꾸준히 하기가 어렵고, 기질적으로 좋아하지 않는 분야에 대한 모방이나 학습이 늦어질 수 있다.

과잉행동은 다양한 형태로 나타날 수 있는데, 특히 아기 때 잠이 없는 경우도 과잉행동의 한 형태일 수 있다. 예를 들면 대개 4세 이하는 어린이집에서 낮잠 시간이 있는데 잠이 없어서 다른 아이들이 자는 것을 방해할 수 있다. 식당이나 교회 등 착석이 필요한 곳에서 참지 못하고 뛰어다니거나 높은 가구 위에 올라가는 등 부적절한 행동으로 다른 이들에게 방해가 되기도 한다. ADHD 아이들의 과거력 중에는 뛰다가 넘어지거나 부딪혀서 신체 부위가 찢어지고 꿰맸거나 골절로 깁스를 했던 경우들이 일반 아이들보다 많다. 자라면서 생활 반경이 넓어지고 착석과 질서 준수 같은 지켜야 할 규칙이 늘어나면 문제도 다양해진다.

ADHD는 어린이집이나 유치원에 비해 엄격한 생활 규범이 생기는 초등학교 입학 때부터 증상이 눈에 잘 띈다. 학교생활이 시작되면, 관심 없는 과목에 대한 학습이 지연되거나 수업을 방해하기도 한다. 산만함은 주의력뿐 아니라 친구들의 기분이나 감정을 살피는 능력 발달 지연으로 이어질 수 있고, 이는 커나가면서 타인의 감정을 공감하는 능력이 부족한 것으로 이어진다. 이것은 사회성이나 친구 만들기에 어려움을 불러온다. 어릴 때는 활발하던 아이들이 ADHD 문제를 교정하지 않으면서 점차 고립되는 경우가 많고, 우울감이 늘어나는 근본 원인이 되기도 한다. 중·고등학교와 대학교를 거치면서 학습 문제가 생기는 경우가 대부분이며 그에 따라 취업 선택의 폭도 줄어든다. 성인이 되면 책임의 범위가 넓어지면서 다양한 영역에서 문제가 발생한다.

불편함을 감수하고 적응하며 살아가다가도 40~50대가 되어 병원을 찾는 이들도 많다. 보통 연차가 쌓이면서 높은 직급에 오르는 경우, 인력관리와 업무총괄 같은 조직화 능력을 발휘해야 할 때가 많은데, 이 부분에 취약점이 있는 ADHD는 결정적인 회사생활의 어려움을 겪는다. 이로 인해 승진 누락, 업무 배제 등으로 우울증이 찾아오기도 한다. 이처럼 ADHD 증상은 나이가 들면서 다른 모양으로 나타나기 때문에 파악하기가 쉽지 않다. 그래서 더욱 ADHD에 대해 심층적으로 알아볼 필요가 있다.

ADHD의 진단 과정은
어떻게 이루어질까

ADHD의 유형과
진단 기준

ADHD 진단이 처음 만들어질 때만 해도 워낙 어린 시절부터 행동 문제가 두드러지기 때문에 아이들만의 문제이고, 증상 패턴도 다 비슷하다고 생각했다. 하지만 많은 연구가 진행되면서 ADHD가 있다고 해서 똑같은 행동 문제가 생기는 것이 아니고 과잉행동과 충동성이 두드러지는 유형, 주의력 문제가 두드러지는 유형, 이들 특성이 모두 심한 유형 등 다양한 유형이

1부 양파 같은 성인 ADHD, 그 실체와의 만남 • 39

있다는 것이 밝혀졌다.

그 결과, 1994년 DSM-IV에서 ADHD 유형을 세 가지로 분류하였고 현재까지 유지되고 있다. 그 세 가지는 다음과 같다.

① 과잉행동/충동성 유형
② 주의력결핍 유형
③ 복합형

ADHD라고 하면 흔히 떠올리는, 시끌벅적하고 산만한 타입이 과잉행동/충동성 유형이다. 잔실수가 많지만 소란스럽지 않고 눈에 띄게 산만하지도 않은, '조용한 ADHD'라고 불리는 경우가 주의력결핍 유형이다. 가장 많은 형태는 이들 두 가지 유형이 함께 나타나는 복합형이다. 이러한 유형 분류는 대부분 아이들을 대상으로 한 연구 결과이며, 현재 성인기 자료는 부족하다. 일부 연구자들은 주의력결핍 유형을 '인지 속도가 느림'의 특성이 있는 신경다양성의 한 형태일 뿐, ADHD는 아니라고 주장하기도 한다.

남녀 차이도 눈에 띄는 항목이다. 아동기 ADHD의 경우 남녀 비율이 3~5:1로 남아에게 우세한 편이지만 성인 ADHD는 남녀 비율이 거의 1:1에 육박하게 된다. 성인 ADHD의 경우, 성장하면서 과잉행동이 사라지면서 주의력결핍 유형의 진단이 우세한데, 특히 여성은 주의력결핍 유형으로 뒤늦게 진단을 받은 경우가 많기 때문이다.

이러한 진단 유형은 치료 기법이나 병의 경과를 예측하는 데 중요한 자료가 된다. 앞으로 성인 환자에 대한 자료가 쌓이면서 더 세밀하고 정확하게 성인기 ADHD 유형을 분류할 수 있게 되면 환자 맞춤형 치료를 해나가는 데 도움이 될 것이다.

ADHD에서 논란이 계속되는 문제 중 하나는 행동특성의 기준인 과잉행동, 충동성, 주의력 분야의 정상 범주 기준을 어떻게 정의할 것이냐이다. 이에 진단명도 조금씩 바뀌고 있으며 진단 기준도 점차 진화하고 있다.

ADHD는 각 유형별로 진단 기준이 있고, 그에 합당하면 해당 유형으로 진단한다. 먼저 주의력결핍에 대한 진단 기준 항목은 9개이고 다음과 같다.

주의력결핍

1. 학업, 일, 기타 활동 중 세심한 주의를 기울이지 못하거나 부주의한 실수가 잦다.

2. 과제 수행이나 놀이 중 주의집중을 지속하는 데 어려움이 잦다.

3. 얼굴을 마주 보고 이야기하는데도 듣지 않는 것처럼 보일 때가 잦다.

4. 지시를 따라오지 않거나 학업, 심부름, 업무를 끝내지 못하는 경우가 많다.

5. 과제나 활동을 조직적으로 하는 것이 곤란할 때가 잦다.

6. 지속적으로 정신을 쏟아야 하는 일을 피하거나 싫어하거나 거부하는 게 잦다.

7. 과제나 활동에 필요한 것을 자주 잃어버린다.

8. 외부 자극에 의해 쉽게 주의가 산만해진다.

9. 일상적인 일을 자주 잊어버린다.

과잉행동/충동성의 경우 각각 여섯 가지와 세 가지 기준이 있다.

과잉행동

1. 손발을 가만두지 않거나 자리에서 꼬무락거린다.

2. 가만히 앉아 있어야 하는 상황에서 자주 자리를 뜬다.

3. 적절하지 않은 상황에서 지나치게 뛰거나 혹은 기어오른
   다.(성인은 '안절부절못함')

4. 조용하게 놀거나 레저 활동을 하지 못하는 경우가 잦다.

5. 쉴 새 없이 활동하거나 혹은 마치 모터가 달린 것 같이 행
   동하는 경우가 자주 있다.

6. 지나치게 말을 많이 한다.

충동성

7. 질문이 끝나기도 전에 대답해버리는 경우가 잦다.

8. 차례를 기다리는 것을 자주 어려워한다.

9. 다른 사람이 하는 것을 중단시키거나 무턱대고 끼어드는
   경우가 잦다.

이 진단 기준은 나이에 따라 적용 방식이 달라진다. 17세 미
만 소아청소년의 경우, 유형별 진단 기준 9개 중 6개 이상에 해
당하면 진단을 내린다. 17세 이상 후기 청소년과 성인은 5개
이상 해당하면 진단할 수 있다. 예를 들어 20세 성인이 주의력
결핍 기준 9개 중 5개, 과잉행동/충동성 기준 9개 중 6개에 부
합하면 ADHD '복합형'으로 진단한다. 또는 30세 성인이 과잉

행동/충동성 기준에서 3개, 주의력결핍 기준에서 7개에 해당한다면 ADHD '주의력결핍' 유형으로 진단한다.

단, 성인의 경우 최종 진단을 내리기 위해서는 12세 이전에 해당 유형의 진단 기준에 최소 3개 이상 근거를 확인해야 한다. 즉, 성인기 증상이 있다고 해도 아동기 증상이 확인되지 않으면 진단을 내리지 않는다.

그 외에 ADHD로 진단하려면 위의 증상 때문에 가정, 학교, 직장, 사회 중 두 군데 이상에서 생활에 심각한 문제를 초래한다는 근거를 확인해야 한다. 또한 이런 문제들이 ADHD 외에 다른 신체적 또는 정신적 병에 의해 생긴 것이 아님을 살펴보아야 한다.

진화하고 있는
ADHD 진단 항목들

최근에는 성인 환자만을 위한 진단 기준이 잇따라 개발되고 있다. 인터넷에서 자주 볼 수 있는, 세계보건기구WHO에서 만든 ADHD 자가진단표는 쉽게 접근할 수 있는 테스트이다. 최근 6개월 동안 있었던 자신의 증상을 떠올려보며 확인해보자.

1. 과제 수행에서 중요한 부분을 끝내고 마무리 짓는 데 어려 웠던 적이 있습니까?

2. 체계적으로 처리해야 하는 업무를 순서대로 진행하는 데 어려움이 있습니까?

3. 약속이나 의무를 기억하는 데 문제가 있습니까?

4. 여러 가지 고려해야 할 일이 많은 과제는 시작을 미루거나 피할 때가 있습니까?

5. 오래 앉아 있어야 할 때 안절부절못하거나 손발을 꼼지락 거릴 때가 있습니까?

6. 무슨 일을 할 때 모터가 달린 것처럼 지나치게 오버하거나 저질러버릴 때가 있습니까?

항목별로 빈도나 강도 면에서 전혀 아님(0점), 드묾(1점), 가 끔(2점), 종종(3점), 자주(4점)로 채점할 때, 6개 항목 중 4개 항 목 이상에서 유의미한 점수에 해당하면 ADHD를 의심할 수 있 다. 하지만 이것은 가능성을 예측할 뿐이지 진단에 이르기까지 는 전문가와의 상의가 반드시 필요하다.

진단 항목 중 눈에 띄는 표현이 있다. '모터가 달린 것처럼'
이란 표현은 지치지 않고 쉼 없이 '자기도 모르게' 계속 활동하
는 행동을 뜻한다. 이런 표현은 아동의 대표적인 과잉행동일
수 있지만 어른에게 적용하기에는 부적절하다는 생각이다. 최
근 미국정신의학회에서도 세계보건기구의 성인 ADHD 자가
보고척도 6문항과 유사한 새로운 선별도구를 발표하였는데 다
음과 같다.

1. 사람들과 대화할 때, 심지어 얼굴을 마주 보고 이야기하는
   데도 집중이 안 될 때가 얼마나 자주 있습니까?

2. 자리에 앉아 있어야 하는 모임이나 상황에서 얼마나 자주
   자리를 이탈합니까?

3. 혼자 시간을 가질 때 편안하게 이완 또는 느긋하게 쉬는 게
   어려울 때가 자주 있습니까?

4. 대화를 나누면서 얼마나 자주 상대방이 말을 마치기 전에
   당신이 말을 끝냅니까?

5. 마감 시간 직전까지 얼마나 자주 일을 미룹니까?

6. 생활을 질서정연하게 유지하고 자잘한 것을 챙기기 위해
   얼마나 자주 남에게 의존합니까?

1번은 주의력 관련 문항이며, 2~4번은 과잉행동과 충동성 관련 항목이다. 5~6번 항목은 기존 진단 기준 항목에 없었던 것이나 '모터가 달린 것처럼'보다 훨씬 실제 성인이 사회생활을 하면서 맞닥뜨리는 문제를 반영한 것으로 보인다.

항목별로 빈도나 강도 면에서 다섯 단계로 나누어 전혀 아님, 드묾, 가끔, 종종, 자주로 채점한다. 단, 세계보건기구에서 개발한 도구와 달리 문항별로 점수를 다르게 채점한다. 성인 ADHD에서 자주 관찰되는 증상이지만 실생활에서 영향을 미치는 정도에 따라 배점을 달리한 점이 훨씬 더 성인 맞춤형으로 보인다. 1번, 2번, 3번 문항은 다섯 단계에 대해 각각 0, 1, 2, 3, 5점을 배점한다. 4번 문항은 0, 1, 1, 2, 2점을 배점하고, 5번 문항은 0, 1, 2, 3, 4점을 배점한다. 6번 문항은 0, 1, 2, 3, 3 배점이다. 총점이 14점 이상이면 ADHD를 의심한다.

한편 현재 사용되는 ADHD 진단 기준이 주로 남자아이의 행동 위주로 만들어졌다는 문제가 제기되면서 성인은 물론 여성을 위한 진단 기준과 가중치를 찾아야 한다는 움직임도 있다.

성인 ADHD
진단을 내리기까지

분명히 어릴 때부터 있는 병인데 어떻게 어른이 되고 나서야 처음 진단을 받게 되는 것일까? 그만큼 비ADHD 아동과 ADHD 아동을 구분하기 어려우며, 어른이 돼서 치료할 수 있음에도 불편함을 감수한 채 그냥 힘들게 살기도 한다. 그렇다면 병원에서 진단 과정이 어떻게 이루어지는지 차근차근 살펴보기로 하자.

첫째, 우선 성인 ADHD에 접근하려고 한다면, 현재 어떤 문제가 있는지, 어느 정도 상태인지 평가해야 한다. 그리고 이런 문제행동들이 진단 기준에 부합하는지 확인하는데, 이때 의사와의 면담이 가장 중요하다. 어릴 때 진단받은 적이 없다면 성인이 될 때까지 ADHD 때문에 우울증이나 술, 담배 같은 물질의존, 성격문제 등이 생겼는지 평가해야 한다. 면담과 함께 환자의 주 증상이나 상황에 따라 객관적 평가 방법을 추가한다. 전산화주의력검사CAT를 포함한 다양한 주의집중력검사, 대한소아청소년정신의학회 산하 성인 ADHD 연구회에서 개발한 한국형 성인 ADHD 도구K-AARS, 네덜란드에서 개발하고 우리

말로 번안한 성인 ADHD 면담DIVA, 지능검사 등을 보조적으로 활용할 수 있다. 이 중 DIVA는 의사나 평가자가 직접 면담을 진행하면서 평가하기 때문에 한 시간 전후의 시간이 소요된다. 이러한 다양한 평가도구들은 ADHD의 유형을 구별하고 치료 방법을 결정하는 데 유용하며, 경과 예측에도 도움이 된다.

둘째, ADHD 특성은 어릴 때부터 시작되므로, 현재 성인기에 증상이 두드러진다고 해도 어릴 적 병력이 있었는지 확인이 필요하다. 어릴 적 증상이나 문제행동을 확인하기 어렵다면 ADHD 외에 다른 진단을 강하게 의심해야 한다. 이 대목이 성인 환자 진료에서 가장 곤란한 점 중 하나다. 어릴 적 증상은 주로 환자의 부모에게 확인하게 되는데, 성인 환자의 경우 부모들이 옛날 기억을 잘하지 못할 수도 있고, 기억이 난다 해도 그때 당시 심각하게 생각하지 않았기 때문에 "괜찮았는데" 정도로 답하기도 한다. 더구나 현재 자녀가 직장이나 사회생활을 잘 해내고 있다고 생각한다면 과거 기억에 대해 그다지 부정적이지 않을 때가 많다. 따라서 부모 의견 외에 학교생활기록부나 교사나 친구들의 평가 등에 대한 정보가 필요하다.

셋째, 진단을 붙이기 위해서는 두 군데 이상의 상황에서 문제가 있어야 한다. 예를 들어, 남편과 자녀들은 아내의 행동 특성을 병적이라고 주장한다 해도, 아내의 직장이나 종교 모임, 동호회 모임 등에서 문제가 되지 않는다면 가족 내 갈등의 산물일 수도 있다.

다른 병을 예로 들어보자. 국제보건기구가 정한 지적장애 진단 기준은 지능지수IQ 70 미만과 사회적응기능장애가 동시에 있을 때 성립한다. 사람들은 지능지수가 낮으면 지적장애로 진단한다고 알고 있다. 하지만 지능이 낮다고 해서 모두 사회생활을 못하는 것이 아니며, 그럴 경우 병으로 진단하지 않는다는 뜻이다. 이를 판단하기 위해서 해당 기관이나 관계자들의 이야기를 들어야 할 때도 있다. 아이들을 진단할 때 아이를 관찰하고 부모를 면담한 뒤 교사 의견을 듣는 것도 그런 이유 때문이다.

넷째, 어릴 때나 성인이 된 후에 나타나는 문제들이 다른 신체 문제나 정신장애에 의한 것은 아닌지 구별해야 한다. 청소년기 이후 우울 및 불안장애 등 ADHD와 유사한 정신장애들이 시작되므로 정확한 감별이 필요하다. ADHD 자체는 혈액검사나 CT, MRI 같은 의료기기 검사가 필수는 아니지만 신체 문제를 구분하기 위해 증상에 따라 검사가 필요하다. 어릴 때부터 엄마가 말하는데도 딴 데를 쳐다보다가 매일 혼나던 아이가 초등학교에 입학한 뒤에 수업 시간에 멍 때림이 더 심해졌다고 진료실을 찾아왔다. 뇌파검사를 해보니 전형적인 소발작 형태의 전간증(간질)으로 진단되었고, 소아신경과로 전과하여 항전간제로 잘 치료되었다.

드물지만 윌슨씨 병도 주의력 저하와 피로감으로 일상생활 수행이 느려질 수 있다. 윌슨씨 병은 뇌와 간에 구리가 축적되어 생기는 질병으로, 혈액검사와 소변검사에서 구리 관련 성분을 확인하고 안구의 특정소견으로 진단한다. 만성 빈혈인 경우에도 피로감과 집중력 저하가 흔히 동반되므로 헤모글로빈과 혈액 내 철분검사 등이 필요하다.

요즘에는 인터넷에서 선별검사를 해보고 다수의 문항이 해당한다고 자신을 ADHD라고 말하는 사람이 매우 많아졌다. 또 자기평가식 주의력검사에서 '저하' 소견이 많이 나와 ADHD라고 확신하기도 한다. ADHD는 좀처럼 속이 훤히 보이지 않는 양파 같은 질병이다. ADHD를 둘러싼 다양한 증상과 뿌리를 면밀하게 잘 파악해야 한다.

4장

왜일까, ADHD 진단이
쉽지 않은 이유

ADHD 진단 자체의
어려움

ADHD 진단이 어려운 이유는 앞 장에서 열거한 아홉 가지 진단 기준을 객관적으로 측정할 수 없다는 데 있다. 예를 들어, ADHD의 타고난 기질을 평가하는 검사 항목 중 새롭거나 신기한 자극, 눈앞의 보상에 쉽게 끌리는 '자극 추구' 항목이 있다. 얼마나 '쉽게' 유혹에 넘어가면 문제가 되는 것인가? 또, 지속적으로 격려하지 않아도 한 번 보상된 행동을 꾸준히 지속하려는 '인내력' 항목도 있다. 얼마나 오래, 또 얼마나 열심히 하면 '꾸준히' 지속하는 것인가?

물론 세부 문항들이 있고, 아동의 경우 또래 아동들의 평균 점수를 만들어서 비교하는 방식으로 '쉽다', '꾸준하다'를 판단하지만 성장하는 아이들을 정확하게 평가하기는 쉽지 않다. 아이들마다 선호하는 자극의 종류나 끌리는 보상의 종류가 다를 수 있으니 '쉽게' 끌리는 상황에도 차이가 생긴다. 지능이나 개인 능력에 따라 오래 걸리지 않아도 목표를 달성하는 아이도 있고, 오래 걸리기 때문에 꾸준히 지속해야 달성하는 아이도 있다. 따라서 한 가지 검사만으로 ADHD와 비ADHD를 나눌 수 없다. 같은 나이라도 더 빠르게 발달하는 아이가 있고, 좀 늦되는 아이도 있다.

그렇다 보니 한두 달 문제가 있었다고 해서, 또는 몇 차례 반복해서 문제행동을 보였다고 해서 증상이 계속되는 것으로 판단하지 않는다. 최대한 긴 기간을 관찰해야 하고 문제가 반복되고 지속적인지를 확인해야 한다. 성인의 경우도 직장 적응이나 업무 습득에 개인 차이가 있다. ADHD 증상인지 능력 차이나 성격 또는 업무 적성 차이인지도 구분해야 한다. 수행기능평가 같은 진단 도구가 유용한 이유이기도 하다.

사회문화적 요인도 고려해야 한다. 미국의 경우 ADHD 진단을 받은 학생은 시험시간이 다른 학생보다 길고 시험장소도 소음이 없는 곳으로 배정받는 등 학교에서 배려를 받는다. 하지만 우리나라의 경우 아직 ADHD 학생에 대한 배려나 지침이 따로 마련되어 있지 않다. 그렇다 보니 우리나라 부모들은 교사들이 편견을 가질 것을 걱정해서 자녀가 ADHD 진단을 받았더라도 숨기는 일이 많다. 병원에서 진료할 때도 마찬가지로 문제를 축소하는 경향이 있다. 이처럼 사회문화적 환경으로 인해 ADHD에 대한 부정적 인식이 진단을 방해하기도 한다.

나이에 따라 증상이 달라지는 것도 진단을 어렵게 한다. ADHD는 취학 전부터, 초등학교, 사춘기, 청소년기, 성인기를 거치는 동안 증상이 바뀐다. 사춘기 전후로 과잉행동은 차츰 줄어든다. 하지만 성장하면서 과잉행동이 감소한 것이 아니라 과잉행동의 형태가 달라지는 것이다. 이제는 '머릿속으로' 안절부절못하고 불안정해진다. 수업시간에 선생님보다 말을 더 많이 하거나 급식시간마다 새치기를 한다든가 하는 충동 성향은 사람들이 말하는데 불쑥 끼어들고 자기 할 말이 끝나면 휙 가버린다든가, 차가 막히면 입이 거칠어지고 급히 가려다 자주 소소한 접촉사고를 낸다거나, 술과 게임에 빠져들고, 홈쇼핑에서 지름신이 끊임없이 찾아오고 나중에 후회하는 일이 반복되는 것으로 양상이 변화한다.

또한 성인 ADHD 증상에서 두드러지는 주의력결핍은 어렸을 때는 멍 때리는 모습으로 나타나는데, 얼핏 보면 조용하고 차분한 아이로 여겨지기 때문에 인식하지 못하고 지나칠 수 있다. 수업 중 집중 못하고 창 밖 내다보기, 시험지 뒷장 빼먹기 같은 주의력결핍은 어른이 되면 직장에서 업무 관련 지시사항 까먹기, 회의 시간에 발표자료 안 들고 가기, 지저분한 사무실 책상, 발 디딜 틈만 남은 지저분한 방 등으로 이어진다.

의사들에게도 어려운 부분 중 하나는 다른 병이 있을 때도 산만해지고 오버하는 행동이나 충동적이 될 수 있다는 점이다. ADHD를 진찰받으러 병원에 갔을 때 이런저런 질문이 많고 검사도 많아지게 되는, 점점 과정이 복잡해지는 이유다.

겹겹으로 둘러싸인
성인 ADHD

ADHD는 어릴 때부터 시작된다. 어른이 된 뒤에 처음

ADHD를 진단받는 경우, 그동안 살면서 ADHD로 인해서 우여곡절을 겪었을 것이다. 그 과정을 어떻게 감당하고 적응했는지에 따라 현재 보이는 모습은 우울증일 수도 있고, 조울병 같기도 하고, 성격장애가 있는 사람처럼 보이기도 한다. 알코올 중독이나 다른 약물 중독이 있는 경우, 해독과정을 거치고 신체 문제를 해결하고 나서야 ADHD가 보이기도 한다. 자살이나 자해로 응급상황에서 만난 환자에게 급성기 치료를 마치고 나서 한참 이야기를 듣다 보면 ADHD로 힘들게 살아온 것을 발견할 때도 있다. 그래서 성인 ADHD를 진단하는 것은 경험 많은 의사에게도 쉽지 않다.

성인 ADHD 환자들을 보면서 양파 같다는 생각을 한 적이 있다. 까도 까도 속이 보이지 않는다. ADHD인 줄 모르고 살다 보니 억울하고 분할 때가 많아서 듣다 보면 의사인 내가 울컥할 때도 있다. 여러 가지 다른 정신건강 문제로 덮인 속에서 ADHD 역사를 찾아내는 것은 어려운 일이다.

가끔 진료실에 들어오는 순간부터 ADHD 진단을 떠올리게 하는 환자도 있다. 일단 허둥지둥 들어온다. 일반적으로 환자들은 약속 시간보다 조금 일찍 도착해서 대기실에서 한숨 고르고 본인 차례가 되면 진료실에 들어온다. 그런데 ADHD 환자는 약속 시간에 늦기도 하고, 일찍 도착했더라도 대기실에서 뭔가 자기 할 일을 하느라 간호사가 이름을 불러도 듣지 못하다가 뒤늦게 알아차리기 때문에 들어올 때의 모습이 다른 환자들과 사뭇 다르다. 제대로 시간 맞춰 들어오더라도 왠지 허겁지겁일 때가 많다. 그동안 지내면서 있었던 일을 몽땅 말하고 싶은데 머릿속 생각들이 순서대로 줄을 서지 않는다. 진료실 문을 열 때부터 이미 말을 쏟아내기 시작하는데, 생각들이 엉키면서 몸도 엉키는 듯 보이기 때문이다.

대부분의 성인 ADHD는 인생이 왜 이렇게 뒤엉키게 되었는지 양파 속을 잘 까는 작업이 필요하다. 환자가 왜 양파처럼 살게 되었는지 개인마다 다르다는 점도 진단을 어렵게 한다. 특히 지능이 아주 높은 사람의 경우 진단이 더 늦어지게 된다. 우리나라 학교에서는 대개 성적이 좋은 학생을 우대하는 분위기라, 다소 문제행동이 있더라도 관대하게 대한다. 학창 시절에 학생을 이해하려고 노력하는 교사들을 많이 만나고 주변에 자신을 너그럽게 배려해주는 사람들이 있는 것도 진단이 늦어지는 원인이 되기도 한다.

하지만 학교에서는 주변인들의 이해로 넘어갈 수 있는 작은 문제가 사회에 나가면 큰 문제로 부각된다. 학교 다닐 때 지각하면 교실청소를 하거나 수행평가 점수가 깎이는 정도로 끝날 수 있지만, 직장에서 잦은 지각은 인사고과에 영향을 주고 승진에도 불리해진다. 이해와 관용으로 받아들여지는 것이 아니라, 사회는 생존의 영역이기 때문에 ADHD 증상의 불편함이 더욱 선명하게 부각되는 것이다.

학령기 아동의 약 4~12%가 ADHD에 해당되며, ADHD로 진단받은 아동의 70% 이상이 청소년기까지, 50~65%는 성인기까지 증상이 지속된다. 아동기에 진단을 받지 못하는 경우, 성인기에 전형적인 ADHD 증상이 나타나기보다는 성장하면서 발생하는 우울증이나 성격장애 같은 공존장애 문제로 치료를 받게 되면서 기저의 ADHD 진단이 묻혀버릴 수 있다.

자도 자도
정신이 몽롱해요

어느 날 처음 진료를 받으러 온 30세의 남성 환자 G씨는 초췌한 모습을 하고 있었다. 공무원 시험 공부를 해야 하는데 잠을 자기가 어렵고, 자고 나서도 정신이 몽롱하다고 하였다. 잠이 안 오니 괴로워서 심심풀이로 매일 밤 컴퓨터 게임을 하다가 어느새 동호회원들 사이에 롤 게임의 고수로 소문이 났다. 수면의 질이 안 좋은 것은 이 환자를 괴롭히는 고질적인 문제였다. 수면제를 처방하고 아침에 일어나면 스트레칭을 해보도록 하고, 공부에 도움이 될 만한 명상과 근육이완법을 알려주고 집중훈련에 활용하도록 해주었다. 진료를 계속하면서 환자가 이 시점에 병원을 찾게 된 이유를 좀 더 알아보았다.

G씨는 대학 입학 후 잦은 학사경고로 1학년을 마치고 군에 입대하였다. 군 입대 후 자기 관리가 안 돼서 관심사병으로 분류되었다. 심리적으로 무너진 결정적 계기는 사격 훈련 후 복귀 과정에서 총기 분실로 영창을 가게 되었고, 한심한 자신을 비관하면서 허리띠로 목을 매려다 발견된 자살 미수 사건 때문이었다. 이후 간신히 군생활을 마쳤다. 제대 후 복학을 미루고 공무원 시험 준비를 한 지 2~3년이 지났지만 시험에 계속 실패하고 있었다. 공부 능률은 더 떨어지고, 학원비를 종자돈으로 시작한 주식은 큰 손실을 보고 있었다. 해외 주식에 눈을 돌리고 나니 시차 때문에 밤잠을 못 자게 되고 낮에도 정신이 몽롱했다. 부모 말에 따르면 고약한 군대가 아이를 망쳤다고 했다. 그럼 이 모든 것이 군대 때문이었을까? 더 거슬러 올라가

보기로 하자.

어릴 때부터 남들보다 말을 빨리 시작했고 이해력도 좋았다. 운동도 잘해서 학교 대표로 배드민턴 선수도 하고 육상선수를 하기도 했다. 자기 물건을 잘 잃어버리고 준비물을 잊어버리는 일도 많았지만, 열성적인 할머니가 잘 챙겨주셔서 큰 문제는 없었다. 초등학교 고학년이 되면서 학교 임원이 되었고, 이것저것 해야 할 일이 많아지면서 성적이 떨어졌다. 중학교 진학 후 이동수업에 적응이 안 되고 과목수가 많아서 따라가기가 어려웠고 친구관계도 쉽지 않아졌다.

공부에 취미를 잃고 난 뒤 부모님의 반대에도 불구하고 특성화 고등학교에 진학했다. 막상 진학 후에는 적성이 맞지 않는 것 같아서 일반 고등학교로 전학했다. 일반 고등학교로 간 뒤에도 적응이 쉽지 않아서 이겨내보려고 술과 담배를 시작했다. 내신이 좋지 않아, 수능에 기대를 걸었지만 점수가 좋지 않았고 재수를 시작했지만 이 역시 잘 풀리지 않아 괴로웠다. 초등학교 때는 전교에서 모르는 사람이 없을 정도로 활달했지만, 고등학교를 졸업할 무렵에는 투명인간처럼 존재감이 없었다.

30세의 그는 본질적으로 더 나은 삶으로 향해 가고자 하는 바람 앞에서 괴로워했다. ADHD의 그늘은 학령기에만 그친 것이 아니라 삶의 고비고비마다 그를 좌절하게 만들었다. 수면장애, 중독성향, 집중력 저하, 그를 괴롭히는 증상에 대한 정리되지 않은 정보들은 그를 더 혼란스럽게 만들었다. 어느 것부터 해결해야 할지 엉켜 있었다.

ꡃADHD와
공존장애

같은 ADHD라고 해도 언제 처음 진료를 받는가에 따라 진단이 달라질 수 있고, 증상의 심각성 평가도 차이가 있다. 먼저 언급된 사례처럼 청소년기를 지나 성인기에 이르는 동안 ADHD 특성으로 인한 삽화들을 경험한다. 하지만 과거 갈등이나 삽화를 ADHD와 관련이 있다고 생각하지 못할 수 있다. 그러다 보니 '똘똘한 거 같은데 나사 빠진 아이'로 인식될 수 있고, 스스로도 '게으른 탓', '감정기복이 있는 성격', '타고나길 모자란 사람' 등으로 자각하다 보니 자존감이 낮아진다. G씨처럼 직장이 없어 부모에게 의지하면서 경제적 자립을 하지 못하고, 친구관계도 소원해지면서 자연스레 고립된 생활을 하기도 한다.

ADHD 진단과 치료가 적절하지 못한 경우, 장기간 지속되는 실망감, 낮은 자존감, 경제사회적 위축 등으로 정신적 문제가 나타난다. G씨처럼 청소년기에 접어들면서 술이나 담배에 빠져드는 이유는 또래들과 어울리기 위한 수단이기도 하지만, 무력감과 우울감, 자존감 저하를 스스로 극복해보려는 노력의 하나이기도 하다. 가장 큰 문제는 ADHD 특성상 자신이 관심 있는 분야에 쉽게 몰입하기 때문에 생기는 '의존'이다. G씨는 가볍게 이야기했지만 알코올, 인터넷게임, 주식 투자 중독은 상당히 심각해 보였다.

ADHD 성향이 있는 사람들은 수면의 질이 건강하지 못한 편이다. 원래 생각이 많다 보니 잠들기가 어렵고, 밤에 제대로 잠을 이루지 못해서 낮에 계속 졸기 일쑤고 그 탓에 밤에 또 깊이 잠들기가 어려운 악순환이 계속된다. 환자가 증상이나 문제를 제대로 표현하지 않으면 치료자는 수면제를 처방할 수도 있다. 하지만 수면제는 단기간의 문제 해결에는 도움이 되지만 G씨처럼 근본적인 문제가 드러나지 않는 경우, 역시 수면제에 의존하는 새로운 문제가 생길 수 있다.

우울증은 ADHD에서 가장 흔한 공존장애 중 하나다.

ADHD 관련 정보를 제대로 파악하지 못하거나 환자가 정보를 제공하지 않는 경우, 우울증이 생기게 된 기전을 이해하지 못한다. 생물학적 우울증의 경우도 정서 침체로 인지능력이 저하되고 수행기능이 떨어질 수 있기 때문에, 주 진단으로 우울증을 생각하게 되면 ADHD 진단은 뒤로 밀린다.

G씨 사례에서 여러 정신장애가 겹쳐 있는 모습을 확인할 수 있었던 것처럼, 대체로 성인 ADHD 환자들은 다양한 정신장애에 노출된다. 감정기복의 폭이 심하면 조울병으로 진단받는 경우도 있다. 본인이 의도하지 않은 실수와 실패가 반복되고 잘 잊어버리다 보니 규칙을 어기게 되어서 자주 처벌이나 벌칙금 처분을 받게 된다. 이 때 우울감으로 이어지기도 하지만, 반사회적 성향으로 발전할 수도 있다. 억울하기 때문이다. 여성의 경우 반사회적 성향보다는 변덕스러움이 특징인 경계성 성격장애 성향을 갖게 되는 경우가 많다.

자신을 믿을 수 없고 자기를 통제할 수 없다는 불안은 심각한 장애 수준으로 발전하기도 한다. 의외로 성인 ADHD 중에 강박주의자, 완벽주의자를 만나기도 한다. 실수하지 않기 위해 철저하게 검증하고 꼼꼼하게 챙기는 습관이 생기기 때문이다. 하지만 특정 부분에 대해서만 '검증과 챙김'을 하고 시간을 과도하게 쓰기 때문에 이 또한 문제를 가져온다.

처음 정신과를 찾은 성인 ADHD 환자라면 어떤 정신증상을 가지고 오느냐에 따라 오히려 ADHD로부터 멀어지게 될 수도 있다. G씨 사례처럼 바깥 껍질만 보고서는 ADHD를 알아차리기가 쉽지 않다. 수면 문제를 해결해주다가 더 깊이 들어가다 보면 우울증이 나오고, 계속 파고들어가면 술, 담배, 게임, 주식 등 중독 내지 물질남용을 확인하게 된다.

성인 ADHD의 84%에서 최소한 한 가지 이상의 정신질환이 있으며, 두 가지 이상은 61%, 세 가지 이상 동반되는 경우가 45%다. 성인 ADHD로 진단을 받게 되면, ADHD 외에 다른 질환이 있는지 확인하는 과정을 거쳐야 한다. 성인 ADHD와 함께 발견되는 질환으로는 적대적 반항장애, 품행장애, 간헐성 폭발장애, 반사회성 성격장애 같은 행동 문제, 알코올남용, 도박장애 같은 중독 문제, 강박증, 공황장애 같은 불안의 문제, 중요우울장애, 양극성장애 같은 기분 문제, 아스퍼거증후군이나 고기능 자폐증 같은 자폐스펙트럼 장애 등이 있다. 역으로 이런 정신장애가 있는 경우에 기저에 오래된 ADHD가 있는 것은 아닌지도 의심해봐야 한다. 성인 ADHD의 경우 일상생활에서 느끼는 기능적인 측면에서도 어려움이 크며 식생활, 구강, 수면 등의 건강 문제를 가지고 있다.

성인 ADHD를 찾아내려면 한참 더 속으로 들어가야 한다. 아이들은 살아온 세월이 길지 않지만, 성인은 거쳐온 세월도 길고 겪은 일들도 훨씬 많기 때문이다. 그래서 장기적이고 깊이 있는 접근이 필요하다.

성인 ADHD 환자들을 만날 때마다 자주 보게 되는 안타까운 모습은 오랫동안 반복된 실수와 좌절 경험이 누적되면서 낮아진 자존감과 헝클어진 자아상이었다. 노력해도 어쩔 수 없다는 마음, 도대체 나는 왜 집중하지 못할까 하는 자책과 주변의 시선, 무엇이 문제인지 모르고 자신에게 가해졌던 비판의 목소리…. 결국 비판의 칼날은 사소한 좌절에도 자신을 쉽게 몰아세우게 된다.

세상의 모든 일에는 양면이 존재한다. 절대적으로 나쁜 것도 절대적으로 좋은 것도 없다. 성인 ADHD를 통해 나에 대해 알게 되었다면 용기 내어 또 한걸음 내딛으면 된다. 2부에서는 어렵게 내딛은 용기가 헛되지 않기 위한 이야기들을 나누어보려고 한다.

ADHD라는 개념이 자리 잡기까지

성인 ADHD는 언제까지 어디서 표류하고 있었던 걸까. 성인 ADHD를 이해하기 위해서는 아동과 성인의 영역을 구분하기 이전에, ADHD 역사를 짚어보는 것이 도움이 될 수 있다.

정신장애 중 수천 년 전부터 의학기록에 등장하는 조현병의 경우 전 세계적으로 인구의 약 1%가 앓고 있다. 그에 비하면 ADHD는 성인 인구의 약 3~4%가 해당된다고 한다. 그런데 왜 최근까지도 문제가 되지 않았을까? 어쩌면 아동 ADHD와 비슷한 이유로 설명할 수 있다. ADHD 특성을 가진 아이들에 대한 기록이 18세기 이후 눈에 띄기 시작하는 이유 중의 하나는 산업혁

명과 왕권붕괴 등으로 일반 대중, 특히 아동에 대한 교육의 필요성이 대두되었기 때문이다. 왕정시대에는 귀족과 평민의 신분체계가 태어날 때부터 정해졌다. 하지만 근대 사회에서는 소아기 교육이 성인이 되었을 때 사회적 신분 상승과 성공을 결정하는 요인이 될 수 있었기 때문이다.

ADHD는 오래전부터 있었지만 실제 병으로 규정된 지는 채 50여 년도 되지 않았다. 과거 ADHD 개념이 전혀 없던 시절에도 의사들이 만나는 환자 중에 과잉행동이나 주의력 문제를 보였다는 기록들을 발견할 수 있다.

기록으로 보는 ADHD

의학문헌에서 최초로 기술된 내용은 1775년 출간된 멜키오르 아담 바이카르트의 저서에 나오는 것으로 '주의력결함과 그에 대한 치료' 부분이다. 그는 주의력장애가 양육 문제와 관련 있다고 보았다. 짧은 시간에 너무 많은 것을 가르치려고 한다거나 충분한 시간을 할애하지 않는다면 부적절한 주의력이 생길 수 있다고 보았다.

알렉산더 크라이턴이 1798년 출판한 교과서 내용 중 '주의력' 관련 장에서 '정신적으로 가만 있지 못함'에 대한 기술이 있다.

"어떤 한 물체에 대해 지속적으로 주의를 기울이는 능력이 없고 끊임없이 이것저것 집적거리게 된다. 모든 면에 다 심하게 영향을 미치지는 않으며, 다행인 것은 대개 나이를 먹으면 사라진다는 것이다. 이런 신경 상태를 안절부절못함이라고 한다"

나이를 먹으면 좋아진다는 내용은 잘못된 것임이 밝혀졌지만, 차분히 있어야 할 상황에서 '안절부절못함' 개념은 오늘날 ADHD 진단에서도 매우 중요한 기준이다.

교과서나 전문 서적은 아니지만 1845년 출간된 『더벅머리 페터』라는 그림동화책에 나오는 '가만히 있지 못하는 필립'은 문헌에 나타난 최초의 과잉행동 아동 사례로 인정받고 있다. 여기서 필립이라는 소년은 부모와 식사하는 동안 부모의 훈계에도 불구하고 가만히 있지 못하고 계속 움직이고 킬킬거리며 의자를 앞뒤로 흔들다가 뒤로 넘어진다. 넘어질 때 식탁보를 잡아당기는 바람에 식탁 위에 있던 음식이나 그릇이 바닥으로 쏟아지는 장면이 나온다. 필립은 오늘날 진단 기준으로 보면 ADHD 과잉행동/충동성 우세형에 해당할 것 같다.

이 책은 하인리히 호프만이라는 의사가 자기 아들에게 크리스마스 선물로 주기 위해 평소 모아둔, 환자들의 인상을 간단한 설명과 그림으로 표현한 그림책이다. 사람들은 이 그림책을 무척 좋아했고, 이후 1913년 400번째 개정판까지 출간되면서 내용도 늘어났다. 1847년 5판에 추가된 내용 중 '멍하게 다니는 조니 이야기'는 ADHD 주의력결핍 우세형의 대표 사례이다. 조니는 학교에 가면서 하늘에 떠 있는 구름을 쳐다보며 걷다가 강아지와 부딪혀 넘어지기도 하고, 하늘을 나는 제비를 보다가 개천에 빠지면서 책을 모두 잃어버린다. 저자인 호프만이 ADHD 개념을 가지고 있지 않았음에도 이 사례들을 모아두었다가 그림책의 소재로 삼은 것은, 이러한 사례들을 의학적으로 분류하거나 규정할 수는 없지만 분명히 일반 아동들과는 다르다는 생각을 했기 때문일 것이다.

뇌에 주목한 기록

1902년 영국의 소아의학 전문가인 조지 F. 스틸 경은 오늘날 ADHD 증상과 매우 유사한 행동을 보이는 아동의 사례를 발표하였다.

"심각한 도덕적 결함이 있는 6세 소년이 심지어 놀 때도 잠시도 집중할 수가 없었다. 집중 문제는 학교에서 더 두드러졌고, 일상생활에서는 다른 아이들만큼 똑똑한데도 불구하고 학교에서 성취도가 낮았다. 이러한 도덕적 통제 결핍은 도덕 의식 수준의 결함 이외의 다른 병적 상황에 의한 것일 수도 있다. … 외형상으로는 그다지 심각해 보이지 않는다. 뇌의 이상에 의한 것으로 생각된다."

이처럼 스틸 경은 소년의 문제를 도덕 의식 결핍으로 간주하면서 뇌의 이상을 원인으로 추정하였다.

20세기 초까지만 해도 스틸 경의 주장처럼 말을 듣지 않고 공격적이고 지나치게 감정적으로 행동하는 아이들에 대해 도덕적으로 참을성이 없고 버릇이 없는 것으로 여겼다. 하지만 1917~1928년 사이에 전 세계를 강타한 스페인 독감으로 최소 2,000만 명이 사망하고, 후유증으로 뇌염을 앓는 아이들이 많았다. 뇌염을 앓고 살아남은 아이들 중 산만하고 행동이 과다해지고 충동 조절 및 인지 기능에 장애가 발생한다는 보고가 다수 발표되었다. 이는 처음으로 ADHD 유사 증상이 도덕 의식 결핍이나 버릇없음이 아닌 신체결함, 특히 뇌의 이상으로 인한 것임을 고려하게 된 계기가 된다.

과잉행동을 주목하라

독일의 유태계 의사였던 프란츠 크라머와 한스 폴노프는 1932년 발표한 논문에서 엄청난 운동량을 보이는 아이들에 대해 기술하면서 '아동기의 과활동성'이라고 지칭하였다.

"잠시도 차분하게 기다리지 못하고 방 안을 뛰어다닌다. 특히 높은 가구 위에 올라가는 것을 좋아한다. … 특별한 목표 없이 하던 행동은 다른 자극을 받으면 쉽게 다른 행동으로 넘어가는 산만함을 보인다. 아이는 과제를 완수하기가 어렵고 간단한 질문에도 대답을 못한다. 어려운 과제에 집중하는 것은 대단히 곤란하다. 그러다 보면 학습 문제가 생긴다. … 지속력이 떨어지고 기분도 불안정하다. 쉽게 흥분하고 자주 분노를 터뜨리며 별것 아닌 일에 눈물을 터뜨리거나 공격적으로 변한다. … 자기가 좋아하는 과제는 오래 집중할 수 있다."

이들이 보고한 사례들은 3~4세경 과잉행동이 시작되고 6세경에 절정을 이룬다고 하였으며, 상당수가 열성 질병이나 간질 증상 후 행동 문제를 보였다고 기술하였다.

DSM 진단 변화

과잉행동과 뇌손상의 관련성을 인식하게 되면서 이러한 사례들을 모아 '미세뇌손상증후군', '두뇌손상아동', '미세두뇌기능장애' 등으로 부르게 되었고, 공식 정신장애 진단분류가 시작되면서 이를 반영하게 된다. 1964년 DSM-II에서 '아동기 과잉행동반응'이라는 명칭을 사용하면서, "과활동성이고 안절부절못하고 산만하고 집중 시간이 짧은 아동에게 나타난다. 행동은 대개 청소년기에 감소한다"라고 기술하였다.

1987년 DSM-III-R에서 오늘날 우리가 사용하는 ADHD 진단명을 채택하였다. 당시에는 ADHD나 자폐증 등을 '소아기에 항상 시작되는 장애'로 분류했기 때문에, ADHD라고 하면 아직도 아이들 병이라고 여기는 사람들이 많다. 하지만 성인에서도 ADHD가 진단될 수 있다는 보고가 늘었고, 실제 ADHD로 진단받은 아이들이 어른이 돼서도 문제가 계속될 수 있음을 알게 되었다. 1994년 DSM-IV에서는 세 가지 ADHD 유형을 도입하였다. 그러다 2013년 DSM-5에서 진단체계에 큰 변화가 생긴다. 미국정신의학회에서 '소아기 정신장애'로 여겼던 ADHD나 자폐증 등을 모아서 '신경발달장애'라고 새롭게 분류한 건이다. 이 분류를 통해 소아와 성인의 경계가 사라졌고, 이는 전 세계적으로 성인 ADHD에 대한 관심이 폭발적으로 늘어나게 된 계기가 된다.

◆ ADHD 진단 변천 역사

연도	DSM 순서	진단명	비고
1952	DSM-I	없음	
1964	DSM-II	아동기 과잉행동반응	
1980	DSM-III	주의력결핍장애 ADD	과잉행동 동반형 과잉행동 없는 유형
1987	DSM-III-R	주의력결핍과잉행동장애 ADHD	
1994	DSM-IV	주의력결핍과잉행동장애	주의력결핍 우세형 과잉행동-충동성 우세형 복합형
2013	DSM-5	주의력결핍과잉행동장애	신경발달장애

DSM: Diagnostic and Statistical Manual of Mental Disorders, 정신장애진단통계
　　분류
ADHD: Attention-Deficit/Hyperactivity Disorder
ADD: Attention Deficit Disorder

2부

성인 ADHD,
오해와 편견 걷어내기

1장

약물치료,
어떻게 생각해야 할까

ADHD를 둘러싼
세상의 시선들

혹시 내가 ADHD가 아닐까 싶어 여러 자료를 찾아보고 병원을 방문했는데 ADHD 진단을 받게 된다면 마음이 어떨까? ADHD라는 진단을 받으면 여러 생각이 든다. 억울한 마음, 시원한 마음, 두려운 마음, 다양한 생각이 머릿속을 헤집는다. 몇십 년간 내가 게으르고 못나서 그랬다고 생각하고 살다가 병 때문에 그런 것이며, 내 탓이 아니라니 힘이 나기도 한다. 그리고 '과연 나는 어떻게' 마음을 먹고 살아가야 할지, 어떻게 하면 좋을지 복잡한 마음도 든다. 하지만 중요한 것은 병을 알았으니 길은 열려 있다는 것이다.

이 어지러움을 잠재우기 위해 ADHD 진단 이후, 환자들을 혼란스럽게 하는 대표적인 고민과 꼭 알아두었으면 하는 ADHD 이야기를 하고 싶다. 이제 많은 사람들이 생각하고 있는 ADHD에 대한 인식들 속에서 진실 또는 거짓은 무엇인지, 그리고 우리 의식 속에 잠든 오해와 편견을 들어볼 차례다.

ADHD에 대한 일반적인 인식

1. ADHD는 어린 시절에 생기는 병이다

2. ADHD는 유전된다

3. ADHD가 있는 아이들은 부산하고 산만하다

4. ADHD가 생길지 말지는 어떻게 키우느냐에 달렸다

5. ADHD는 크면서 저절로 좋아질 수도 있다

6. ADHD는 평생 지속되는 병이다

7. ADHD가 있는 사람은 규칙을 지키기가 힘들다

8. ADHD가 있는 사람은 자기능력을 최대한 발휘할 수 없다

9. ADHD가 있으면 매사 집중하기가 힘들다

10. ADHD가 있으면 일반인보다 지능이 낮다

11. ADHD는 여성이 남성보다 많다

12. ADHD가 있는 사람은 장기간의 보상보다 단기 보상을 선호한다

13. ADHD가 있는 사람은 자기 통제가 어렵다

14. ADHD가 있는 사람은 공감능력이 떨어진다

15. ADHD가 있는 사람은 일반 사람보다 더 쉽게 지루해진다

16. ADHD가 있는 사람은 일반 사람보다 다른 심리적, 정신적 장애가 있을 가능성이 높다

17. ADHD가 있는 사람은 좀처럼 지치지 않는다

18. ADHD는 의지력으로 극복할 수 있다

19. ADHD가 있으면 스스로 조직화하는 게 힘들다

20. ADHD가 있으면 지시를 이해하는 게 느리다

21. ADHD가 있는 남자는 군대에 가면 안 된다

22. ADHD 증상은 약물로 완치된다

23. ADHD 여성이 임신 시 치료약을 먹으면 태아에게 치명적 부작용이 있다

24. ADHD 약은 공부하는 데 도움이 된다

25. ADHD 치료약을 오래 쓰면 중독된다

그럼 이것은 진실일까, 거짓일까, 우리의 편견일까, 오해일까. 바로잡고 싶은 부분을 덧붙여보았다.

전문가 의견으로 바로잡기

1. ADHD는 어린 시절에 생기는 병이다

2. ADHD는 유전된다

3. ADHD가 있는 아이들은 부산하고 산만하다

4. ADHD가 생길지 말지는 어떻게 키우느냐에 달렸다 [오해]

5. ADHD는 크면서 저절로 좋아질 수도 있다 [일부는 맞음]

6. ADHD는 평생 지속되는 병이다 [일부는 맞음]

7. ADHD가 있는 사람은 규칙을 지키기가 힘들다 [편견]

8. ADHD가 있는 사람은 자기능력을 최대한 발휘할 수 없다 [편견]

9. ADHD가 있으면 매사 집중하기가 힘들다 [오해]

10. ADHD가 있으면 일반인보다 지능이 낮다 [거짓]

11. ADHD는 여성이 남성보다 많다 [거짓]

12. ADHD가 있는 사람은 장기간의 보상보다 단기 보상을 선호한다

13. ADHD가 있는 사람은 자기 통제가 어렵다 [편견]

14. ADHD가 있는 사람은 공감능력이 떨어진다 [일부는 맞음]

15. ADHD가 있는 사람은 일반 사람보다 더 쉽게 지루해진다

16. ADHD가 있는 사람은 일반 사람보다 다른 심리적, 정신적 장애가 있을 가능성이 높다

17. ADHD가 있는 사람은 좀처럼 지치지 않는다

18. ADHD는 의지력으로 극복할 수 있다 [거짓]

19. ADHD가 있으면 스스로 조직화하는 게 힘들다

20. ADHD가 있으면 지시를 이해하는 게 느리다

21. ADHD가 있는 남자는 군대에 가면 안 된다 [편견]

22. ADHD 증상은 약물로 완치된다 [거짓]

23. ADHD 여성이 임신 시 치료약을 먹으면 태아에게 치명적 부작용이 있다 [거짓]

24. ADHD 약은 공부하는 데 도움이 된다 [거짓]

25. ADHD 치료약을 오래 쓰면 중독된다 [거짓]

진실에 가까운 것도 있고 오해나 편견인 것도 있고 완벽히 거짓인 것도 있다. 그럼 우리의 편견을 뒤집는 이야기들에 대해서 더 깊이 알아보자.

병원은 언제까지 다녀야 하나요

ADHD 진단을 받게 되면, ADHD 환자들이 치료 시작과 과정 중에 가장 궁금해하는 질문이 있다. 간단해 보이지만 어려운 질문이기도 하다. 바로 "병원은 언제까지 다녀요?"이다.

H씨는 오랜 사귄 남자친구에게 얼마 전 청혼을 받았다. 그동안 3년 넘게 ADHD 약을 먹었고, 직장생활에서 일도 잘했고, 대인관계에서도 주제와 상관없는 말로 사람들을 당황하게 만들지도 않고, 충동 구매도 하지 않는다. 결혼할 생각을 하니 좋기는 한데 임신을 하게 되면 복용하고 있는 약 때문에 태아에 나쁜 영향이 있을까 싶어 이 사실을 가족에게 알려야 하나, 약을 언제까지 먹어야 되나 머리가 복잡하다.

ADHD는 치료가 길어질 수밖에 없고, 치료가 지속되다 보면 결혼, 출산, 승진, 취업, 해외연수, 이민 등 생활 이슈에 부딪히게 된다. 환자 입장에서는 이럴 때마다 치료받고 있는 게 부담이 될 수 있으니 이렇게 질문할 수밖에 없다.

매우 간단한 질문이지만 명쾌하게 답을 주기는 어려운 질문이기도 하다. 한 달이 될 수도 있고, 2~3년이 될 수도 있고,

"계속 치료합시다"가 될 수도 있다.

치료해가면서 중간중간 진단이 맞는지 확인도 하고, 약물에 대한 효과나 반응도 평가해서 약물을 바꾸거나 가감하기도 해야 한다. 그리고 약물을 사용하고 있는 게 약물을 중단할 때에 비해 유익하다면 계속 유지하는 게 좋다.

이 질문이 어렵지만 또 매우 중요한 이유는 ADHD의 속성과 관련이 있다. 성인이 돼서 처음 진단을 받은 경우라고 해도, 이미 어릴 때부터 문제가 있었지만 모르고 있었을 뿐이다. ADHD를 모르고 살면서 겪었던 생활 속 일들이 개인의 성격 형성과 정체성에 영향을 미쳤을 수 있고, 수십 년 동안 왜곡된 습관이나 생활양식이 생겼을 수 있다.

이런 경우 1차적으로 가능성이 제일 높은 진단이 ADHD라면 ADHD에 맞춰 치료를 진행하게 된다. 하지만 2차 가능 진단, 3차 가능 진단을 항상 염두에 두고 진행하다가 중간 평가를 하다 보면 ADHD보다 다른 장애가 1차 진단이 될 수도 있다. ADHD는 어느 날 생겼다 치료가 끝나면 사라지는 급성 질환이 아니고, 상당히 꾸준히 문제가 지속되는 병이다 보니 치료가 길어질 수밖에 없다. 그래서 치료 기간을 단정하기 어렵다.

한편으로는 "언제까지 치료해야 되나요?"라는 질문은 이제 병원을 그만 다니고 싶다는 속마음일 경우가 많다. 이 난감한 질문이 치료자 입장에서는 차라리 더 반가울 때도 있는데 질문도 하기 전 '이제 그만 다녀도 되겠네'라고 생각해버리고 오지 않는 환자들이 대부분이기 때문이다.

ADHD로 진료했던 소아청소년 및 성인 환자 929명의 자료를 분석한 연구에서 약 70% 이상이 왜 치료가 중단되었는지 이유를 알 수 없었다. 경희대학교 병원을 방문했던 신규 소아청소년 1,500여 명을 대상으로 분석한 다른 연구에서도 치료가 중단되거나 끝난 이유를 알아본 적이 있다. 다른 도시로 이사 가느라 병원을 옮기거나, 특별한 진단서가 필요해서 한두 번 방문했거나, 비교적 급성기 증상이라 치료가 잘 되고 단기간에 종료되었거나, 아이가 약물 복용 후 너무 거부적이어서 등 치료 종결/중단 사유가 의무기록에 적혀 있는 경우는 10%가 넘지 않았다. 즉, 다시 오지 않는 환자들 중에 그 이유를 알고 있는 경우가 10명 중 1명에 불과하다.

외상에 따른 병과 달리, ADHD 같은 병은 경계가 불분명하다. 환자 본인에게는 이만하면 치료가 끝난 듯하지만, 언제든 재발할 수 있는 위험 인자들이 모두 제거된 것인지 단정할 수 없다. 치료가 장기화되다 보면 비용, 시간, 약물순응도 등의 부담도 커진다. 끝이 보이지 않는 게 환자에게는 힘 빠지는 일이지만 치료 종결에 대한 전문의와의 상담은 꼭 필요하다. 치료의 연속성과 의미 있는 종결은 의사에게도 중요하지만, 환자에게는 꼭 필요한 일이다.

약은 언제까지 먹나요

"병원 언제까지 다녀요?" 이 질문은 "약은 언제까지 먹나요?"라는 질문이기도 하다. 인류 역사를 바꾼 훌륭한 치료제들이 있고, 인간의 생명을 질병에서 구해준 고마운 약물이 많다. ADHD 역시 약물로 상당 부분 증상을 개선시킬 수 있으나 이 약물치료가 모든 사람들에게 사랑받고 있는 것은 아니다.

어른의 경우 ADHD 진단에는 꽤 많은 시간과 노력이 든다. 면담, 자료 분석, 관련 검사, 신체증상 평가 등을 종합하여 현시점에서 가장 우선적으로 생각되는 게 ADHD인 경우 진단을 내리고 치료 계획을 세운다.

약 이야기를 꺼내면 기다렸다는 듯이 돌아오는 대답들은 대부분 비슷하다. "약 먹을 정도로 심각한가요?", "약 먹으면 부작용이 많다던데요!", "약이 비싸요". 이와 같은 약물에 대한 거부반응은 의사를 고민의 늪에 빠뜨린다.

진료실에서 아동 환자에게 ADHD와 관련된 정신장애 감별을 위한 검사를 진행하고 면담 후 ADHD 진단을 내린 뒤 치료 방법으로 약물을 고려한다고 하면 대부분의 부모는 "그것 말고는 방법이 없나요?"라고 되묻는다. 성인 환자의 경우도 마찬가지다. 약물을 사용한다고 하면 무슨 약인지, 얼마나 사용할지, 효과는 얼마나 있을지 등에 대해 자세한 내용을 듣기도 전에 강한 거부감을 나타낸다.

ADHD 치료 과정 중에 약물치료는 중요하다. 약물치료에 대한 반응률이 80%에 이를 정도로 ADHD는 약물치료를 통해 좋은 효과를 볼 수 있다. 현재 전 세계적으로 ADHD 치료제로 가장 많이 사용되는 약물은 중추신경자극제인 메스암페타민 계열과 메틸페니데이트 계열이다. 식욕 부진, 불면증, 체중 감소, 두통 등의 부작용이 나타날 수 있으나 진행 과정 중에 약물 용량이나 투약 시간을 조절하여 부작용을 줄일 수 있다. 이밖에 비중추신경자극약물인 아토목세틴이 2002년 ADHD 1차 약물로 승인되었고, 그밖에 구안파신, 클로니딘 등이 2차 혹은

3차 약물로 사용되고 있다.

메틸페니데이트나 아토목세틴을 복용하면 ADHD 환자에서 문제가 되는 뇌 기능을 개선시키는 효과가 있다. 도파민과 노르에피네프린과 같은 신경전달물질의 불균형을 해소하는 것이다. 노력만으론 개선되지 않았던 것도 약물의 도움을 받으면 쉬워진다. 스스로 문제를 조절할 수 있을 만큼 훈련됐다면 복용 용량이나 횟수를 줄일 수 있다.

경우에 따라 약물치료가 평생 지속될 수도 있다. 진단을 받고 30년간 약물치료를 한다고 해도, ADHD 특성이 완전히 사라지는 것은 아니다. ADHD 약물치료에 대해 의사와 환자는 동상이몽을 갖는다. 환자는 대개 약을 어느 기간 동안 먹으면 병이 낫고 약을 끊어도 되는 것으로 생각한다. 하지만 의사는 약을 먹고 완치되는 게 아니고 약물을 사용하는 동안 행동 문제를 최소화하고 개인의 능력을 최대치로 끌어올릴 수 있도록 준비시킨다고 생각한다.

SF 영화처럼 개인의 잠재능력이 최대치로 상승하는 알약은 아직 없다. 달성하고픈 목표를 정해도 생각할 게 너무 많아서 머리가 지끈거리면 미뤄두게 되고, 그 와중에 이것저것 솔깃한 것들이 너무 많이 보이고, 대강 완성 단계에 가까이 가기는 했지만 요모조모 신경 써야 할 것들이 자꾸 눈에 보여서 완벽하게 마무리하는 데 시간이 걸리는 게 ADHD의 특징이다. 이렇듯 결정과 마무리가 어려운 성향이 생활 속에서 계속 걸림돌이 되는데, 머릿속에서 서열을 정해주고 작업 진행을 추진하게 만드는 효과가 있기 때문에 약물치료가 개인의 능력을 끌어올리도록 '준비시킨다'고 말하는 것이다.

오래 약을 먹어야 하기 때문에 병이 중증이라고 좌절할 필요는 없다. 앞서 표현한 것처럼 꾸준한 관리가 필요할 뿐이다. 약물을 복용하면서 사람들 사이의 불필요한 오해로 덜 상처받고, 더 나은 직장을 다니고, 경제적으로 더 윤택해지고, 가족과 더욱 관계가 좋아지고, 내가 나를 잘 통제할 수 있다는 자신감이 생기고, 체계적인 시간관리와 주변관리로 다른 이들에게 신뢰가 높아질 수 있다. 무엇보다 평생을 짓눌러왔던 여러 어려움에서 벗어나 좀 더 나은 삶으로 나아갈 수 있다. 이 정도면 해볼 만한 거 아닐까?

왜 약물에 대한
부정적 인식이 생겨났을까

ADHD 약물에 대해 의사가 말도 꺼내기 전에 거부적인 이유는 무엇일까? 오랫동안 임상의사로 일해왔지만 여전히 답을 찾아내지 못했다. 하지만 ADHD 치료제가 개발된 역사를 되돌아보면서 답을 구해보고자 한다. ADHD 약물치료와 관련해서 주로 논란의 대상이 되고 있는 중추신경자극제를 알아보기로 하자. 대표적인 중추신경자극제는 메스암페타민과 메틸페니데이트 성분의 약물들이다.

중추신경자극제 약물들은 1987년 ADHD라는 공식 진단이 생기기 훨씬 오래전에 개발 및 사용되고 있었다. 즉, ADHD를 목표로 개발된 약이 아니다. 먼저 메스암페타민에 대해 알아보자. 도쿄대학교 의학부 교수 나가이 나가요시는 에페드라 불가리스라는 식물에서 에페드린을 분리해냈고, 1893년 에페드린에서 수소기를 분리하여 '메스암페타민'을 합성했다. 1919년 아키라 오가타는 메스암페타민을 결정 상태로 합성해냈다. 메스암페타민은 여러 가지 신체 문제 해결을 위해 사용되기 시작한다. 예를 들면, 암페타민 제제인 벤제드린은 기관지 확장제로 시판되었다. 이처럼 합성된 지 100년이 넘는 ADHD 약물인 메스암페타민에 대해 부정적인 시각을 갖게 된 이유는 무엇일까?

첫째, 대표적인 이유 중 하나는 약의 과거 전력 때문이다. 제2차 세계대전 당시 일본 제약사에서 메스암페타민 성분을 재료로 '필로폰Philopon'이라는 알약을 만들어 군인과 공장노동자들에게 대량 공급하였다. 군인들은 졸음을 쫓고 전투에 집중하는 능력이 좋아졌으며, 노동자들은 식욕감소로 식사시간이 줄고 작업능률을 올리는 데 효과가 있었다. 하지만 일본 패전과 함께 이 약물이 오남용되면서 중독자가 급격하게 늘어났다. 우리나라에도 같은 약물이 '히로뽕'으로 소개되었고 중독자가 늘어났으며 사회적으로까지 문제가 확산되었다. 현재 미국에서 ADHD 치료제로 가장 많이 사용되는 약물이 메스암페타민 계열이지만, 이같은 전력 때문에 우리나라 식약처에서는 메스암페타민의 ADHD 치료제 사용을 허가하지 않고 있다.

메틸페니데이트 역시 공식 약제로 인정받기 전에 피로회복제나 우울감 조절 물질로 오남용되었고, 현재도 일부 그러한 목적으로 오남용되기도 한다. 매우 훌륭한 약물이지만 공식 의료계의 통제권 안에 유입되기 전에 건전하지 못한 과거가 있었던 점이 문제가 되는 것이다.

둘째, 명칭 때문에 오해가 생긴다. 영어로 된 용어를 번역한 '중추신경자극제'라는 단어는 뭔가 뇌가 자극을 받고 흥분하여 안 좋은 일이 생길 것 같은 어감이다. 하지만 학문적으로 다르게 표현하자면 이렇다. "뇌에서 활동하는 신경전달물질, 예를 들면 도파민 같은 물질의 공급에 자극을 줌으로써 공급과 수요가 균형을 이루도록 작용하는 약물"이다.

셋째, 약물 자체의 역사와는 관련이 없는 사항이지만, 우리나라의 마약류 관련 법령이 부정적 영향을 미친다. '마약류'에는 마약, 향정신성의약품, 대마 등 세 종류가 있다. 이중 마약은 양귀비, 아편, 코카인 등 금지물질이며, 대마 역시 금지물질이다. 향정신성의약품은 말 그대로 현재 의료계에서 사용하는 약품이지만 오남용의 위험이 있으므로 관리대상이 된다는 뜻이다. 메스암페타민 계열 약물과 메틸페니데이트 계열 약물이 여기에 속한다. 이들 외에도 정신건강의학과에서 사용하는 항불안제, 수면제 등 여러 약물이 향정신성의약품으로 취급되며, 가끔 미디어에 등장하는 프로포폴도 이 부류에 속한다. 실무자 입장에서는 식약처의 약제분류 관련법이 달라질 수 있게 되기를 바란다. 전문의료진이 처방하고 통제 가능한 의약품을 코카인이나 대마 같은 물질과 같은 부류로 취급하고 있기 때문이다.

　마지막으로 약물의 역사나 법령과 관계없이 ADHD 특성상 장기치료를 해야 하는 점이 약물에 대한 부담을 가중시키는 듯하다. 소아기에 시작되는 병이다 보니 진단 후 수년 이상 약물을 사용해야 한다. 성인의 경우 이미 성인기까지 증상이 계속되고 있다면 꽤 길게 투약을 유지해야 할 가능성이 높다. 그러다 보니 장기 복용에 대한 부담 때문에 거부감이 생길 수 있다.

⌐약물치료는
어떻게 진행되고 있나

　우리나라에서 성인 ADHD에 대한 약물사용에 국민건강보험이 적용된 지는 불과 몇 년 지나지 않았다. 정신건강의학과에서 사용되는 약물은 대부분 성인에서 충분한 자료가 축적된 후 아동 환자에게 사용하게 된다. 특이하게도 ADHD는 반대다. ADHD가 워낙 소아장애로 시작되었기 때문에 소아에서 모든 ADHD 약물 사용이 시작되었고, 이제 어른에게 사용하게 되었다. 약물학 이론상 소아는 성장 과정에 있으며, 성인보다 약물대사 과정에 차이가 많아서 약물 투여가 어른보다 더 조심스럽다. 그런 점에서 오랜 시간 소아에서 사용하던 약물이라면 성인에 대한 자료가 부족하지만 성인에게 투여하는 데 크게 어려움은 없는 편이다. 의료보험 적용이 되지 않는 동안에도 본인들이 치료를 원하는 경우 자기부담으로 약물을 처방했었기 때문에 의료진의 경험도 부족하지는 않다.

ADHD 약물치료의 걸림돌은 앞서 언급했듯, 메틸페니데이트나 메스암페타민이 ADHD 치료제로 인정받기 전에 파티약물, 에너지약물, 공부 잘하는 약 등으로 오남용된 과거 전력 때문에 약물 사용에 대한 제한이 까다롭다는 점이다. 예를 들면, 단일 약물을 사용하더라도 최대 처방 용량을 제한한다. 메틸페니데이트 오로스 제제(제품명 콘서타)는 체중에 따라 용량을 정하게 되어 있으나, 체중에 상관없이 일일 처방 용량은 72mg을 넘을 수 없다. 증상에 따라 용량을 맞추는 게 가장 이상적이지만, 이런 제한 때문에 체중이 60kg인 남성이나 120kg인 남성이나 하루 처방 총량은 72mg을 넘을 수 없다.

다른 제한 중 하나는 ADHD라는 병을 대상으로 두 가지 치료제를 동시에 처방할 수 없도록 했던 것이다. 즉, 메틸페니데이트 같은 중추신경자극제와 아토목세틴이라는 비중추신경자극제를 같은 환자에게 동시에 처방할 수 없었다. 1질병, 1약물 원칙이다. 하지만 환자 반응에 따라 2가지 약물을 소량씩 병용하는 게 필요할 때가 있다. 중추신경자극제가 매우 효과적이지만 용량을 높게 사용하면 심장박동이 빨라지는 부작용이 있을 수 있다. 식욕감소, 체중감소, 불면, 두통 등의 증상이 나타나면 당황하여 약 복용을 환자 임의대로 끊기도 하는데 반드시 의사와의 상담이 필요하다. 또한 용량을 낮추면 심박동은 괜찮아지지만 효과가 떨어진다. 모자라는 효과를 심박동에 영향이 없는 아토목세틴으로 채워줄 수 있다면 소량의 아토목세틴과 소량의 중추신경자극제를 병용할 필요가 생긴다. 다행스럽게도 2019년 12월부터 국민건강보험에서 두 가지 치료제의 병용을 허가하였다.

성인에서 두 가지 이상의 ADHD 약을 병용한 사례는 아직 많지 않다. ADHD 진단을 받고 치료받은 920여 명의 성인 환자들 중에 이런 병용요법을 적용한 사례들(50명)을 분석한 〈ADHD 복합약물 연구〉를 살펴보면 한 가지 약물만으로 치료하는 경우 치료유지 비율이 20% 정도였고, 병용한 경우는 40%였다. 치료유지 기간도 더 길었다. 전체 성인 환자 약물 사용 기간이 2.6년인 데 비해, 병용요법 사례의 평균 치료유지 기간은 4.6년이었다. 어찌 보면 단일 약물보다 거의 두 배 기간을 약을 먹으면서 치료를 계속해야 한다니 오히려 한 가지 약물을 사용하는 치료보다 덜 효과적이어서 그런 게 아니냐고 반문할 수도 있다. 하지만 만성질병이고 장기관리가 필요하다는 것을 생각하면 병용 사례가 유리함을 알 수 있다. 또한 "약은 언제까지 먹나요?"라는 질문에 대한 답을 이 자료에서 유추해볼 수 있을 것이다.

동료 연구진들과 함께 18세 이하 소아청소년의 ADHD 치료현황을 분석한 결과, ADHD 진단을 받은 뒤 약물을 사용하는 경우는 약 70%였다. 약물을 시작한 뒤 약 6개월 뒤에는 거의 과반수가 치료를 중단하였다. 진단을 받고 약물치료를 받지 않았던 30% 환자들은 무슨 이유로 약물치료를 하지 않았을까? 약물치료를 시작하고 6개월도 지나지 않았는데 과반수가 치료를 중단한 이유는 무엇일까?

이제 성인 환자의 약물치료에 대한 국민건강보험 적용이 5년 정도가 지났으니 건강보험공단의 자료 분석이 시작되었을 것이다. 건강보험공단에서는 치료받는 인구가 얼마나 늘었고, 치료비가 얼마나 들어갔는지에 대한 자료를 발표한다. 더 나아가 얼마나 치료가 잘 되고 있는지, 치료 탈락률은 어느 정도인지,

탈락 이유는 무엇인가를 알고 싶다. 두 가지 이상의 약물을 병용하는 경우는 얼마나 되고, 환자들의 삶은 어떻게 달라지는지도 궁금하다. 그 자료를 통해서 ADHD 약물치료의 미래를 그려볼 수 있을 것이다.

약물치료로 얻을 수 있는 것

역사 속에서 ADHD 치료 약물의 오남용과 중독 등 부정적인 측면을 많이 볼 수 있었다. 하지만 반대로 생각한다면, 이러한 시행착오를 거쳐 의료제도권에서 약물을 사용하게 된 것은 그만큼 안전에 대한 점검이 확실하다는 뜻이 된다. 우리나라 식품의약품관리법에서 마약류로 분류하고 있는 점이 안타깝기는 하지만, 이 역시 그만큼 오남용의 소지를 없애고 불법 사용을 통제한다는 뜻이다. 하지만 여전히 용어에 대한 불안, 장기 치료에 대한 우려 등 넘어야 할 산이 많고, 이를 위해 의사-환자(보호자) 사이의 신뢰 구축 또한 시급하고 절실한 과제이다. 그만큼 약물치료가 ADHD 치료 과정에서 중요한 부분이기 때문이다.

일반적으로 치료 효과는 병의 경과가 급성일수록, 증상이 심할수록 결과가 좋을 때가 있다. ADHD는 급성 경과를 보이는 장애는 아니지만, 병의 속성을 잘 이해하면 급성 질병만큼 좋은 효과를 거둘 수 있다.

어느 날 20대 후반 여성 Y씨가 찾아왔다. 그는 고등학교 때 아침자습부터 야간자율학습까지 잠깐 화장실 다녀오는 것만 빼면 하루 열두 시간 동안 책상을 떠나지 않았다. 그런데 시험만 보면 결과는 기대에 미치지 못했다. 머리가 나쁜가 해서 지능검사를 받기도 했는데 최소 상위 10% 안에 들었다. 선생님들도 자기 평생에 가장 안타까운 학생이라고 했다.

어릴 때부터 간호사가 꿈이라 관련 학과가 있는 대학에 갔다. 간호사 국가고시를 보기 위해 준비했는데 계속 시험에 떨어지고 있었다. 하지만 한 번 더 시험에 도전해보기로 했다. 그동안 모은 돈으로 죽기 살기로 도전하겠다고 결심을 하고, 그전에 뭐가 문제인지 구체적으로 알고 싶어서 병원에 왔다.

진단을 위해 어릴 때부터 이야기를 들어보니 전형적인 주의력결핍형 ADHD였다. 몇 가지 추가검사에서도 결과는 마찬가지였다. 진단을 하고 중추신경자극제를 투여하기 시작했다. 한

달 뒤에 시험이 있었는데 결과는 좋지 않았다. 하지만 약물을 사용하면서 달라지는 걸 느낀다고 했다.

"머릿속이 환해져요. 평생 이런 적이 없는데 무슨 일인지 모르겠어요. 남들은 항상 이런가요? 머릿속이 항상 안개 낀 것처럼 뿌옇고, 어디가 어딘지 모르고 그랬거든요. 저는 다른 사람들도 저랑 비슷한 줄 알았어요."

머릿속이 항상 이렇듯 오리무중이었으니 노력하는 만큼 성과가 나올 수 없었다. 약물 외 다른 치료는 필요 없었다. 다음 해 반가운 소식이 들려왔다. 시험에서 매우 우수한 성적으로 합격한 것이다. 이후 원하는 곳에 취업했고, 현재 10년 가까이 약물을 유지하고 있다.

치료를 받고서 삶의 질이 달라졌다는 그녀의 말이 잊히지 않는다. 방황하고 혼란스러웠던 지난 세월이 한탄스럽다고도 했다. 병원에서 수많은 환자들을 만나왔지만, 특히 ADHD 환자들은 정신과 질병 중에서도 약물치료의 효과를 많이 본다. 약물치료에 대한 환자들의 조심스러운 마음은 충분히 이해가 간다. 하지만 약물을 어떻게 활용하는가에 따라 삶이 변하는 사례들을 지속적으로 보아왔기에 약물치료의 긍정성을 말할 수밖에 없다. 다만 약물치료도 일률적으로 똑같은 효과를 보는 것이 아니기 때문에 나에게 맞는 약물치료에 대해 관심을 갖고 지속적으로 주치의와 상의하면서 진행해야 한다.

◆ 식품의약품안전처가 사용 승인한 ADHD 약품

성분명	제품명	작용기전	부작용	기타
MPH 속방정	페니드, 페로스핀	도파민 재흡수 차단 노르에피네프린 증가	심박동 증가, 식욕 저하 오후 시간 복용시 야간 수면방해	중추신경자극제 아침 식전 복용
MPH 서방정	메디키넷			
MPH 오로스	콘서타			
아토목세틴	스트라테라, 아토목세틴, 아토목신 등	노르에피네프린 재흡수 억제, 전전두엽 도파민 증가,	졸림, 위장장애	비중추 신경자극제, 우울/불안 완화
클로니딘 서방정	캡베이	알파2 아드레날린	졸림, 두통, 복통	틱, 수면장애 등 동반시 유용

MPH : 메틸페니데이트

속방정 : 즉각 방출되며 작용시간이 3~4시간으로 짧아서 하루에 2~3회 복용

서방정 : 서서히 방출되는 정제약, 제형에 따라 8~12시간 작용함

오로스 제제: 캡슐 내 삼투압 작용을 이용하여 12시간 작용하도록 개발됨. 주로 아침 식전 복용

2장
거짓 정보에서 살아남기

반드시 알아야 하는 다섯 가지 진실

'악화가 양화를 구축한다'라는 말이 있다. '나쁜 것이 좋은 것을 몰아낸다'는 뜻이다. 16세기 영국에서 은화를 만들 때 은 부족 현상을 해결하기 위해 평소 은화 주조에 넣었던 은의 절반만 넣었다. 하지만 은화 가치는 그대로 인정하자 사람들은 은이 덜 들어간 은화만 사용하고, 옛날 은화는 집안에 보관하기 시작했다. 옛날 은화를 녹여서 팔면 오히려 더 높은 값을 받을 수 있기 때문이었다. 유통되는 동전 중에 은이 많이 함유된 양화를 보기가 힘들어졌는데, 이같은 현상을 당시 재무담당자였던 토머스 그레셤의 이름을 따서 '그레셤의 법칙'이라고 부르기도 한다.

ADHD 진단과 치료에도 그레셤의 법칙 같은 일이 벌어지고 있다는 생각을 한다. 민감한 주제라 조심스럽지만 ADHD가 있는 사람들이 자신의 문제를 해결하는 데 부당하게 많은 비용과 노력과 시간을 소모하는 일을 줄였으면 하는 바람에서 이야기를 꺼내본다.

ADHD 환자와 가족들이 거짓 정보에 속지 않고 경제적, 물리적, 심리적 타격을 받지 않기 위해 ADHD 진단과 치료에서 꼭 알아두었으면 하는 것은 다음과 같다.

첫째, ADHD의 최종 진단은 의사의 면담과 관찰에 근거해서 이루어진다. 왜냐하면 ADHD는 병이기 때문에 의사의 진료 후 판단해야 한다. 특히 신체질병이나 다른 정신장애가 원인이 아닌지, 또는 다른 병과 겹쳐 있는 것은 아닌지 구별해야 한다. 그만큼 신중하게 판단하고 진단을 내린다. 인터넷에 떠 있는 몇 문항짜리 설문 결과로 스스로 ADHD라고 속단할 문제가 아니다.

둘째, 질병 치료에 관한 것이다. 안타깝지만 ADHD를 진료할 수 있는 정신건강의학과 전문의의 숫자는 매우 한정적이다. 따라서 ADHD라는 병을 진단하고 치료하는 것은 병의원이지만 보조적인 치료 프로그램은 정신건강의학과가 아닌 곳에서도 이루어진다. 예를 들어, ADHD와 관련된 사회성기술 훈련, 부부상담, 대인관계 훈련, 시간관리 프로그램, 조직화 프로그램, 인지행동치료 등이다. 단, '보조 프로그램'임을 분명히 해야 한다.

셋째, 치료 기간은 아직까지는 장기전이다. 병의원에서 계속 치료해야 한다기보다는 일단 병의원에서 치료가 종결되더라도 장기간 ADHD로 인한 문제에 대하여 계속 인식하고 개선하기 위하여 스스로 훈련하고 주위의 도움을 받아야 한다는 뜻이다. 현재 ADHD 치료는 대부분 완치보다는 ADHD로 인한 문제를 개선하여 생활의 질 향상을 목표로 한다. 약물치료만 해도 최소 2~3년이고, 그 이상 기간 매일 약을 복용하다 보니 더 빠르게 해결할 수 있는 방법에 솔깃해질 수밖에 없다. 더구나 그렇게 오랜 기간 약을 먹어도 완치가 아니고, 약을 끊으면 원래 문제가 그대로 있다는 사실에 실망해서 더 빠른 방법을 찾게 되는 것이다.

넷째, 수많은 의사나 과학자들이 ADHD의 원인 규명을 위해 연구하고 있지만 '뇌'의 원인 찾기는 아직 진행 중이다. 예를 들면, ADHD 아이들이 자라나는 동안 몇 년 주기로 기능성 MRI로 뇌를 관찰한 결과, 뇌에서 자기조절 기능을 담당하는 전전두엽 부분이 일반 아이들에 비해 늦게 성장하는 것을 찾아내기도 하였다. 하지만 이 결과는 뇌의 한 부분의 기능에 관한 것이지 그 부분의 뇌세포들 수준에서의 연결망까지 확인한 것이 아니며, 왜 그렇게 지연되는지 원인을 규명하지는 못하였다. 성인 뇌의 무게는 1.3~1.4kg으로 보통 체중의 약 2% 정도를 차지하지만, 우리 몸에 필요한 산소의 약 20%를 소모하며, 그 안에는 조 단위의 시냅스가 서로 복잡하게 얽혀서 작동하고 있다. 아직 이 연결망의 신비를 명확하게 밝혀내지 못하고 있다. 누가 속 시원하게 원인을 알려주면 좋겠는데 그런 곳이 없다 보니 답답한 마음에 거짓 정보에 속는 것이다.

다섯째, 우리나라의 건강보험제도는 매우 선진적이며 효율적이다. 건강보험제도는 거의 모든 질병을 포함하고 있다. 새롭게 개발된 진단 및 치료방법은 국민건강보험공단에서 승인받기 전에는 병의원에서 실시할 수 없으며, 비급여로 승인되더라도 일정 기간 적용 후 효과를 인정받아야 보험 적용으로 전환

된다. 심사 과정은 매우 까다롭고 기간도 오래 걸린다. 오히려 병의원이 아닌 기관에서 사용하는 프로그램들은 국민건강보험공단의 통제를 받지 않으며, 비용 역시 통제가 불가능하다.

이상 몇 가지 사실을 포함하는 내용들은 '양화'에 해당한다. 살면서 우리는 그레셤의 법칙처럼 양화보다는 악화를 선호하는 경우가 꽤 있다. ADHD를 진단받고 치료방법을 찾을 때 양화인지 악화인지 잘 구별해야 한다.

ADHD는
뇌의 병이다

ADHD는 뇌의 병이라는 말은 맞다. 20세기 초 전 세계를 휩쓴 스페인독감 후유증으로 뇌염을 앓았던 아이들이 이렇게 산만하고 충동적이 된다는 것을 알게 되면서, 이런 행동과 뇌의 관련성을 의심하게 되었다. MRI나 CT 같은 검사기기가 개발되면서 구체적으로 뇌의 어느 부위가 어떻게 문제인지 연구가 진행되고 있다. 이제까지 알게 된 사실을 요약하면 대략 다음과 같다.

먼저 ADHD가 있는 아이들의 뇌는 일반 아이들의 뇌 발달보다 5~6년 이상 늦다. 뇌 전체의 핵심 기능을 담당하는 전두엽 부위 발달에서 차이가 있다. 이마 쪽에 있는 전전두엽Prefrontal lobe, 변연계의 대상회Cingulated Gyrus, 평형과 자세 유지에 관여하는 소뇌Cerebellum 기능이 문제를 일으킨다. 일반인에 비해 해당 부위 뇌 부피가 작거나 활성이 떨어져 있다.

과거엔 ADHD가 아동에게만 발생하는 병인 줄 알았다. 주의력결핍과 과잉행동이 초등학교에 들어갈 무렵 두드러지다 사춘기를 넘어가며 괜찮아지기 때문이다. 그러나 최근 기능성 MRI로 한 뇌 영상 연구로 그 이유가 밝혀졌다. 어린 시절 지연된 뇌발달은 사춘기를 지나면서도 계속 진행되고, 그 결과 눈에 보이는 과잉행동은 감소한다.

ADHD 뇌의 발달 지연이 성인이 되면 어떻게 되는지는 아직 정확하지 않다. 수많은 연구진들이 이 수수께끼를 풀기 위해 노력하고 있다. 더 많은 논문들이 발표되고 있지만 아직 확정된 것은 아니다.

예를 들면, 2010년 독일 뷔르츠부르크 대학병원의 소아정신과 연구자들이 경두개초음파 기계를 이용하여 ADHD 아이들의 뇌에서 흑질 부위에 철분 성분이 축적돼서 주의력 결함을 유발한다는 〈아동 ADHD의 흑질 구조와 철 성분 축적 연구〉 결과를 보고하였다. 주의력 문제의 원인이 밝혀졌고 관련 뇌 부위를 알게 되는 게 아닌가 흥분했다. 2021년 저자는 성인들을 대상으로 같은 〈혈청 철분 및 흑질의 경두개초음파 성인 ADHD 연구〉를 진행했다. 하지만 일반 성인과 성인 ADHD 환자들 사이에 차이가 없었다. 독일팀은 아동 대상이고 우리는 성인 대상 연구였기 때문인지, 두 연구 모두 대상자 수가 적어서인지 결론을 내릴 수 없었다. ADHD에서 경두개초음파 기계를 사용해서 흑질의 철분 농도를 측정한 연구는 위 두 개뿐이다. 누군가 이 두 개뿐인 연구를 내세워서 ADHD 원인이 뇌의 흑질에 침착된 철 성분 때문이므로, 그 철 성분을 낮추기 위한 건강식품이나 광물제제 판매 광고를 한다면 그럴 듯해 보일지도 모른다. 하지만 이 연구 결과는 실제 진료에 적용할 수 없다. 과학자 입장에서 보면 사람에게 투여하는 물질은 추가로 확인해야 할 것이 많다. 안타깝지만 ADHD 관련 뇌 연구 중에 우리가 환자 치료에 곧바로 적용할 수 있는 것은 아직 극소수이다.

물론 ADHD와 관련된 프로그램이나 상품을 모두 다 경험해본 것은 아니다. 다만, 그런 물질이나 프로그램이 근거가 있고 효과적이라면 우리나라 건강보험공단에서 의료보험 품목에 포함시켰을 것이고, 의사들도 적극적으로 치료에 사용했을 것이다.

또한 그런 상품들의 높은 가격도 문제가 된다. 많은 사람들이 ADHD 치료비가 비싸다고 생각하지만 의료보험항목에 있는 치료비와 그런 상품들의 가격을 비교한다면 매우 저렴하게 느껴질 정도이다. 비싼 가격에도 그런 상품들에 현혹되는 이유는 병원에서 ADHD 치료에 몇 년씩 걸린다고 하는 데 비해 그런 상품들은 단기간에 해결할 것처럼 홍보하기에 마음이 가는 것일 수도 있다.

확실한 것은 아직 ADHD의 뇌를 정확하게 본 사람은 아무도 없다는 것이다. 연구가 더 필요하지만, 당장 할 수 있는 게 없는 것도 아니다. 뇌의 문제 때문에 드러나는 행동들을 개선하기 위해 노력할 수 있는 방법들이 마련되어 있다. '단기간', '즉각적인 효과'를 내세운 정보에 현혹되지 않기를 바라는 마음이다.

의사인 나로서는 '근거 중심의 학문'을 바탕으로 환자를 진료하고 치료한다는 기준이 있다. 임상의사의 역할은 어떤 이론이나 주장에 대해 조사를 하거나 수사를 하는 것이 아니고, 근거가 있는 학문적 이론이라면 수용한다. 비과학적이라도 환자

치료에 도움이 될 수 있다면 응용할 수 있을지 판단한다. 다만, 의사의 진료 행위는 모두 법적으로나 학문적으로 수용가능한 범위 내에서 가능하다.

거짓 정보의
홍수 속에서

성인 ADHD에 대한 인식의 싹은 텄지만, 진단과 치료에 필요한 열매를 충분히 맺지 못하고 있다. 안타까운 것은 지금껏 몇십 년간 경험하고 연구한 것보다 수천, 수만 배의 정보들이 옳고 그름 구별 없이 SNS라는 우주만큼 큰 공간에 떠 있다는 것이다. 때로는 믿고 신뢰할 수 없는 거짓 정보들이 한걸음 더 내디뎌야 할 타이밍을 놓치게 만들고, 제대로 된 치료 기회를 얻지 못하게 한다.

환자나 보호자들은 인터넷상에서 새로운 또는 매우 효과적인 치료법에 대한 정보를 접한다. 실제로 그런 기관에서 비용을 지불하고 치료를 받기도 한다.

한때 소아정신과 의사들과 병원 내에서 자주 회자되는 기관들이 있었다.(참고로 2022년 현재 우리나라 소아정신과 전문의는 400여 명이 조금 넘는다) 교묘하게 의료시설인 것처럼 포장하고, 엄청난 금액을 받으면서 효과가 불확실한 치료법을 시술하고 있었다. 일단 선전 내용이 너무 황당하고 비용도 터무니없으며 진단이나 치료 과정에 전문 의료진이 전혀 개입하지 않고 있다는 점이 큰 문제였다. 그런 기관들 중에는 의료시설이 아니며 법률적으로 '회사'로 되어 있는 곳들도 있다. 환자나 가족에게 심각한 피해를 입히고 있었고, 일종의 사기 행위로 보일 정도였다. 어쩌면 환자나 가족들은 그 기관에서 시행한 프로그램으로 문제가 개선되었다고 생각할 수도 있을 것이고, 손해를 입었다고 하더라도 어떻게 대처해야 할지 잘 모를 것이다.

바로 잡아야 할 필요성에 공감하였고, 소아정신과 전문의 모임인 대한소아청소년정신의학회는 문제를 개선하기 위한 특별위원회를 구성하였다. 제소 절차가 시작되었고, 지루한 절차 끝에 2020년 4월 공정거래위원회에서 해당 기관에 '표시, 광고의 공정화 법률 위반'을 이유로 시정 명령 판결을 내렸다. 하지만 책을 내는 현재 시점에도 이들 기관은 그대로 영업하고 있다. 성인 ADHD에 대한 정보가 투명하지 않았던 상황에서 이런 일들이 더 많았을 것이라 여겨진다. 이제는 관심이 높아진

만큼 그에 대한 정확한 정보들이 쌓이고 다양한 논의들이 함께
할 것이다.

산티아고 순례길을 가고 싶다고 내일 당장 떠날 수는 없다.
순례길을 떠나기 위해서는 최소 1년 이상의 준비와 체력단련이
필요하다. 막상 떠나고 나면 예상보다 더 험난한 여정이다. 하
지만 그만큼 보람이 있다고 한다. ADHD 진단과 치료는 산티
아고 순례보다 더 길고 지루한 여정이지만, 그 길에는 확실한
보람과 보상이 있다.

성인 ADHD 관련 의료기관 정보

• www.adhd.or.kr
대한소아청소년정신의학회에서 운영하는 ADHD 전문 누리집. 이
사이트에 '병원찾기' 코너에 가면 정신건강의학과 병의원 중에 주거
지 근처 기관을 손쉽게 검색할 수 있다.

• www.kacap.or.kr
대한소아청소년정신의학회 누리집. '일반인 공간'에 가면 '병원검색'
에서 지역별 병의원 검색이 가능하다.

3장

성인 ADHD와
여성

폭발적으로 늘어난
성인 여성 ADHD

살면서 당연한 것으로 넘기는 것 중에 의외로 편견이나 오해인 것이 많다. 질병의 경우에도 그런 부분이 발견되곤 한다. 지금까지 ADHD라고 하면 남자아이들에게서 나타나는 문제라고 여겨져 왔다. 실제 2~30년 전까지만 해도 아동 ADHD의 남녀 비율은 9:1 정도로 남아에서 압도적인 것으로 알려져 있었다.

ADHD 특성은 청소년기를 지나 성인기가 되어도 약 반 정도가 그대로 증상을 가지고 있다는 것이다. 전체 성인 인구의 약 3～4%가 ADHD 진단에 해당하는 셈인데, 최근 성인 ADHD에 대한 관심이 급증하고 성인기 남녀 유병률이 심지어 1:1 정도로 보고되면서 아동기 환자 성비의 정확도에 관심이 쏠리고 있다. 특히 국민건강보험공단 자료에 따르면 COVID 사태를 겪는 동안 20～30대 여성의 ADHD 발병률은 200% 이상 급증하였다.

ADHD는 질병 특성상 소아기에 이미 발병하는 것으로 되어 있다. 그렇다면 여성의 경우 어릴 때 진단이 되지 않았던 것인지, 성장 과정에서 ADHD가 뒤늦게 발생하는지가 논란의 초점이다. 가설 중 하나는 ADHD 진단 기준 자체가 남자아이의 행동 특성에 초점이 맞춰져 있기 때문으로 보기도 한다. 과잉행동/충동성의 경우 주로 몸으로 나타나는 행동 문제가 기준이 되는데, 여자아이의 경우 몸으로 나타나기보다는 말로 나오는 문제가 많기 때문에 진단 기준을 덜 충족할 수 있다는 것이다.

다른 이유로는 사회나 가족의 기대치가 남아와 여아에게 다르게 적용되기 때문이라는 보고도 있다. 실제로 소아정신과 외래를 찾는 남녀 아동의 비율은 거의 2:1로 남아가 많다. 또 다른 생물학적 이유로는 남녀의 성숙 속도 차이를 들기도 한다. 여아가 남아보다 신체적, 심리적으로 일찍 성숙이 진행되므로 남아보다 진단될 확률이 낮아진다는 것이다.

여아 ADHD의
역사

ADHD가 최근 규정된 질병이기 때문에 과거에도 있었던 질병인지 확인하기 위한 방법 중 하나로 의학서적이나 기록을 토대로 ADHD의 존재에 대해 검토하기도 한다. ADHD라는 개념이 없었던 과거 기록을 잘 검토해보면 ADHD 사례에 부합하는 경우가 꽤 있다. 상당수는 남아들을 대상으로 한 경우이지만, 자세히 읽어보면 의외로 여아 사례 비율이 꽤 높음을 알 수 있다.

미국 정신의학의 아버지라고 불리는 벤저민 러시는 통제불능아동들에 대한 기록을 남겼다.

"그 중 한 소녀는 온갖 나쁜 짓에 빠져 있었다. 눈을 뜨는 순간부터 쉴 새 없이 장난을 친다. 뭔가 좋아하는 일을 할 때나 공부에 몰두할 때 빼고는 종일 그렇다. 마음에서 도덕적 일을 담당하는 부분이 원래부터 망가져 있는 것 같다."

영국 소아의학 전문가 조지 F. 스틸 경 역시 도덕적 결함과 자기조절 문제가 있는 15명의 소년과 5명의 소녀를 소개하기도 하였다. 18~20세기 초까지는 주의력 장애와 자기조절 문제로 인한 과잉행동/충동성에 대하여 도덕적 결함으로 여겼기 때문에 그렇게 판단한 것으로 보인다.

1932년 독일의 프란츠 크라머와 한스 폴노프는 '유아기의 과잉활동성 질환에 대하여'라는 논문에서 3명의 소녀를 포함한 17명 아동의 과활동성 사례를 보고하였다. 흥미로운 점은 그들이 보고한 내용 중 "1초도 가만히 있지 못하는 행동 문제에도 불구하고 자신이 좋아하는 과제에는 오랜 시간 집중할 수 있다"라는 대목은 오늘날 ADHD 자녀를 둔 부모들이 흔히 말하는 "애가 공부할 때는 집중을 못하는 게 맞지만, 게임할 때는 하루 세 끼 밥도 거르고 하는데 집중력 없는 게 맞아요?"라는 진술과 놀랄 만큼 일치한다. 이들이 사용한 '과활동성'이라는 용어는 오늘날 ADHD의 개념에 녹아들어 있다.

ADHD 약물치료 관련 초기 논문인 찰스 브래들리의 1941년 논문에서는 중추신경계 작용약물을 사용하여 행동 문제를 보이던 77명의 소년과 23명의 소녀들이 '현대적 이상적 모델 아동'으로 변하는 것을 관찰하였다. 비록 약물을 중단하면 원래 상태로 돌아가기는 하였으나, 약물이 작용하는 동안은 학교생활이 두드러지게 호전되고 작업 수행에 훨씬 빠르고 정확하게 집중하게 되었다고 보고하였다. 그래서 당시 사용한 메스암페타민 성분의 벤제드린이 일명 '수학문제 잘 푸는 약'으로 불리기도 하였다.

이렇듯 ADHD 개념이 없던 시절, 의사들의 기록에 오늘날 ADHD 진단 기준에 부합하는 아동들의 사례는 주로 남아 대상이지만, 분명 여아 사례가 포함되어 있음을 확인할 수 있다. 1950년대 초 미국에서 정신장애 기준을 만들기 시작한 이유 중 하나가 군대 징집 기준 마련이었기 때문에 남성 위주의 기준이 반영된 것도 훗날 ADHD 진단 기준이 남성 편향적으로 치우치게 된 원인이 될 수 있다.

성인 ADHD에서
여성 사례가 중요한 이유

최근 몇몇 여성 정신과 의사들이 성인 ADHD 관련 연구에서 여성에 초점을 맞춰야 하는 근거를 제시하고 있다.

첫째, 조기진단과 조기개입의 기회를 놓치지 말아야 하기 때문이다. 장애가 있음에도 불구하고 진단이 늦어지면 그만큼 질병은 만성화되고 심화될 확률이 높아지므로 환자에게 손해를 끼치게 된다.

앞에서 살펴본 대로 이미 어린 시절 증상을 가지고 있음에도 불구하고 의학적 우선 관심 대상 순위가 낮기 때문에 부모가 아이를 데리고 병원을 찾아도 '여자애가 설마 ADHD?'라고 의사들이 간과했을 수도 있다. 특히 여아의 경우 과잉행동이나 충동성향보다 주의력 문제가 더 많은 것으로 알려져 있어 행동 문제가 생활에서 두드러지지 않을 수 있다.

그저 '공부에 관심이 없는, 또는 재주가 없는 아이', '좀 산만한 아이', '조심성이 떨어지는 아이' 정도로 간과할 수 있다. 하지만 이렇듯 생활 속 특성으로 치부되는 문제 때문에 아이의 자존감이 낮아지고 학업능력에 영향을 미치며, 또래관계에서 소외될 확률이 높아진다. 부모나 형제자매 관계에서도 부당한 대우를 받을 수 있다. 이러한 부적절한 경험이 수년 간 계속되다 보면 상급학교 진학이나 사회에서 취업하는 데도 문제가 생긴다. 이는 이성관계에도 영향을 줄 수 있다.

성인 여성들이 병원을 찾는 첫 번째 이유가 ADHD 때문이 아니고 우울감 때문인 것은 이러한 영향도 있다. 우울증 외에 여성 환자들에게 흔히 있는 문제는 담배와 술 남용 문제이다. 특히 임신 계획이 있는 경우 물질 남용으로 신체적인 영향을 줄 수 있기 때문에 치료가 필요하다.

둘째, 여성은 임신, 출산, 수유라는 특별한 상황을 경험하기 때문이다. ADHD 진단을 받고 약물치료를 시작한 여성의 경우 고려해야 할 것이 많지만, 이 분야는 특히 관련 자료가 매우 부족한 상황이다. 인지행동치료 등 비약물치료로 충분히 임신과 수유 기간을 넘길 수 있으면 좋지만, 그렇지 않다면 기존 약물치료에 대한 조율이 필요하다. 비중추신경자극약물인 아토목세틴의 경우 임신과 출산에 영향이 거의 없다. 중추신경자극약물은 개인차가 있겠으나 약물 중단 시 예상되는 ADHD 증상 악화로 인한 위험 정도와 약물 지속 시 태아와 임신에 미치는 위험 정도를 면밀하게 검토하여 태아와 산모에게 모두 최상의 결과를 얻을 수 있도록 주치의와 상의해야 한다.

특히 ADHD 관련 약물만이 아니고 우울증 치료제 등을 같이 사용하는 경우라면 조절에 더 어려움이 따른다. 중추신경자극약물 중 메스암페타민계 약물이 임신과 태아에 가장 영향이 적은 것으로 알려져 있으나 우리나라에서는 사용 승인이 나지 않은 상태이며, 메틸페니데이트 계열은 저체중아 출산, 조산, 산모 고혈압 발생, 심장 기형 등의 부작용이 소수 사례이지만 보고된 바 있다. 하지만 이제까지 보고된 자료상으로는 ADHD 관련 약물 사용이 임신과 태아에 '절대적 위험'을 미치는 정도는 크지 않은 것으로 정리할 수 있다. 중추신경자극약물을 복용 중인 산모가 수유하는 경우 신생아에서 검출되는 약물 농도는 허용치보다 낮은 것으로 보고되었으나, 산모에 따라 복용 용량이 다르고 아기의 상태가 다를 수 있으므로 이 역시 정신과/산과/소아청소년과 전문의와 긴밀하게 상의하여 판단해야 한다.

셋째, 시대적 흐름이 많이 변하고 있지만 여전히 여성에게 양육의 비중이 높고, 아이와의 상호작용에서도 영향력이 크기 때문이다. ADHD 엄마는 어떤 문제를 겪게 될까? 육아는 내가 중심이 아니라 아기가 중심이며 예측이 어렵다. ADHD 장애가 있는 환자들의 특징 중 하나는 상대에 대한 공감 부족이다. 말도 못하고 알아듣지도 못하는 갓난아기를 상대해야 하는 육아는 절대적으로 양육자의 공감이 필요하다. 이 과정에서 엄마는 육체적으로나 심리적으로 매우 힘들다. 잠도 제때 못 자고 모유수유든 분유수유든 아기가 원할 때 항상 먹여야 한다. 육아가 사랑스러운 내 아기를 돌보는 자랑스럽고 보람된 일이기는 하지만, 그만큼 힘들다. 상대에게 온 신경을 써야 하는 일이 감정조절에 어려움이 있고 ADHD 특성이 있는 사람에게는 보통 일이 아니다.

반대로 엄마 입장이 아니라 아기 입장에서 생각해보자. ADHD의 유전성향은 높은 편이다. ADHD 성향이 있다면 아기는 신생아 때부터 수면 시간도 짧고 입도 짧고 주변 소음에 예민하기도 하다. 하지만 신생아가 ADHD 특성 때문에 그런 것인지 구분하기가 쉽지 않을 것이다. 원인이 무엇이든 ADHD 엄마의 고충은 늘어날 수 있다. 아기가 ADHD 성향이 없더라도 점점 성장하면서 엄마와의 상호작용과 공감을 통해 아이는 발달해야 한다. 이 과정에서 부족함이 계속된다면 부모-자녀 관계에서 어려움을 겪을 수밖에 없다.

진단과
치료의 용기

어릴 때 진단을 받았거나 치료를 계속하고 있는 경우가 아니라면, 실제 외래에서 여성 ADHD를 진단하는 경우는 크게 두 가지다. 하나는 성인이 된 여성이 삶에서 불편함을 겪는 것이 뭔가 다른 원인이 있는 것은 아닌지 확인하기 위해 스스로 방문하는 경우다. 또 다른 하나는 아동 ADHD 진료 과정에서 함께 병원에 오는 어머니가 아이와 같은 특성을 갖고 있음을 알게 되면서 진료를 권유하게 되는 경우다.

두 가지 모두 앞서 말한 조기진단과 조기개입의 기회를 놓친 경우이고, 낮은 자존감과 우울감이 동반될 가능성이 높다. 여성 ADHD 중에서 어릴 때 진단받지 못해서 병 때문인 줄 모르고 부당한 대우를 받으며 살았던 과거는 많은 상처를 담고 있다. 이럴 때 자기 고백을 하는 일이 쉽지 않을 것이다.

어린 시절 진단 기회를 놓쳤다면 지금이라도 평가를 주저하지 말길 바란다. 진단이 맞다면 개선해나가면 되고, 아니라면 다른 문제가 있는지 확인하면 된다. 성인은 진단이 소아보다 매우 어렵다. 게다가 여성은 남성보다 더욱 진단이 어렵다. 남자 아이들보다 청소년기에 더 빨리 진입하고, 그만큼 감정적 어려움에 일찍 노출되다 보니 우울증이나 불안장애 등에 더 취약해질 수 있기 때문이다. 아동의 경우 공존장애가 그다지 많지 않지만, 진단이나 치료 없이 청소년기를 거치고 성인기에 돌입했다면 그간 누적된 정신적 부담과 2차적 우울증 등의 문제를 동반한다.

치료 과정도 정확한 진단 과정만큼 얽힌 실타래 풀듯이 차분하고 꾸준하게 풀어가야 한다. 요즘 많은 여성들이 ADHD 문제를 인지하고 병원을 찾고 있다. 자신의 상황을 개선해나가려는 노력들을 마주할 때마다 치료자인 내가 용기를 얻을 때가 많다. 치료를 통해 스스로 가장 소중한 사람임을 인지하고 삶을 주도적으로 이끌어가기를 바라는 마음이다.

4장

숨은 사각지대,
노인 ADHD

육십 평생
정신과는 처음입니다

여성뿐만 아니라 성인 ADHD의 숨은 사각지대는 바로 노인 ADHD다. 이와 관련해서 해결해야 할 문제가 있는데 약물 사용 보험 적용을 65세까지로 제한한 점이다. 아직 65세 이후의 약물 안전성 관련 근거자료가 충분치 않지만, 실제로 더 나이가 많은 분들에게도 처방하고 있다. 외래에는 60대 환자들이 찾아오고 있으며, ADHD 환자들을 치료하다 보면 65세가 넘게 되기도 한다. 이런 일들을 많이 겪다 보니 노인 ADHD 관련 대책이 필요함을 절실히 느끼고 제도 개선을 촉구하고 있다.

어느 날 63세 여성이 새로운 환자로 등록되어 있었다. 딸이 자신의 어머니를 꼭 ADHD 진료 담당자에게 진찰받고 싶다고 해서 부득이 예약이 되었다고 한다. 진료실에 들어올 때 보니, 딸의 팔을 뿌리치는 어머니의 동작이 매우 컸다. 게다가 목소리도 크고 말도 빨랐다. 화가 나서 흥분한 탓에 그런 것 같았는데, 진료를 계속하면서 보니 원래 말도 빠르고 목청이 트인 분이었다.

어머니는 "평생 살다 살다 정신과는 처음"이라고 큰소리로 불만을 토로했다. 딸이 최근에 결혼해서 분가하였고, 그 후 이혼하셨는데 지금은 혼자 지낸다고 했다. 딸이 걱정이 되어 가끔 들여다보는데 갈 때마다 냉장고에서 음식이 썩고 있는데 버리지도 않고, 시장은 매일 가서 자꾸 음식재료를 사들이고 있었다. 냉장고는 정리가 안 된 채 꽉꽉 차서 냉장고 문을 열면 식재료들이 쏟아질 정도였다.

전에는 다른 식구들이 오래된 재료를 버리기도 했고, 식구들이 집에서 음식을 해먹으니까 그런대로 정리가 되었지만, 혼자 살면서부터는 음식을 주로 사먹고 야채, 생선, 우유 같은 게 오래돼서 상한다고 한다. 도우미를 불러드린다고 해도 치울 것도 없는데 왜 쓸데없는 데 돈을 쓰냐고 역정을 낸다고 했다.

노인회관이나 문화센터 소그룹 활동에 등록해도 한두 번 가다가 그만이었다. 가는 것도 내키지 않지만 모임 사람들이 딸에게 전화해서 "어머니를 내일부터 안 오시게 해주면 좋겠어요"라고 하기 때문이다. 다툼이 생기는 이유는 비슷했다. 그룹 활동에 잘 참여하지도 않지만, 어쩌다 어울리더라도 자기 주장이 너무 강하고 규칙을 마음대로 어기기 때문에 끝에 가면 꼭 싸움이 난다고 했다.

딸이 보기에는 자기가 어릴 때부터 겪어온 어머니는 젊을 때나 나이가 들었을 때나 별로 달라진 게 없다고 했다. 젊을 때도 소소한 물건 사들이기부터 잦은 실수를 인정하는 법이 없고, 자녀들을 챙겨주기보다 화를 많이 내서 자녀들과 사이가 좋지 않았다. 부부 싸움도 잦아서 부부상담소도 찾았는데 개선되는 건 없었다. 동네 주민들과도 사소한 시비가 큰 싸움으로 번질 때가 많았다. 딸이 최근 텔레비전을 보다가 ADHD는 나이를 먹어도 저절로 좋아지는 병이 아니고 유전성향이 있다는 이야기를 듣고 나서 진료예약을 결심했다고 했다. 자기 오빠도 어머니랑 매우 비슷해서 다혈질이고 경제관념이 없고, 머리가

좋고 일은 잘하지만 직장에 적응을 못해서 자주 회사를 옮긴다
고 했다.

평가 결과상 전형적인 ADHD 진단에 부합하였다. 어머니
는 마지못해 진단과 치료에 동의했다. 자기도 가끔 집을 정리
하겠다고 생각은 하지만 실천이 안 되기는 한다고 인정하였다.
방마다 쌓아둔 옷가지나 뭔가가 가득 들은 쇼핑봉투들도 진단
을 뒷받침하는 증거가 되었다.

그리고 치료를 시작하고 나서 얼마 뒤에 어머니가 한 말이
인상적이었다.

"아파트 엘리베이터에서 다른 사람들이 하는 이야기가 들리
더라구요. 너무 놀라웠어요."

항상 머릿속 생각들이 탁구공 왔다갔다 하듯이 튀기 때문에
엘리베이터를 타도 다른 사람들 말소리를 들어본 적이 없었다
고 했다. 그리고 "머릿속 생각들이 계단처럼 차례대로 보이네
요"라고 했다. 머릿속도 정리 안 된 방처럼 항상 생각으로 가득
차 있었는데 해야 할 일들이 처리해야 할 순서대로 줄을 섰다
는 말이다. 사람 머릿속이 이렇게 깔끔할 수 있다는 걸 평생 처

음 알았다고 했다. 치료를 받게 되면서 사람들한테 역정 내는 일도 훨씬 줄었다.

나이가 들면
증상이 약해질까

노인 ADHD에 대한 연구는 매우 부족한 편이다. 우리나라는 아직 노인 ADHD 관련 의학연구가 마련되지 않았다. 독일, 스웨덴 같은 유럽이나 미국 자료도 풍부하지는 않다.

아동기에서 성인기에 들어가면 ADHD 유병률은 소아기의 절반 정도이지만, 여성 환자 비율이 빠르게 높아진다.

노년기에는 어떻게 될까? 노인 연구는 대규모 연구가 부족한 편이라 남녀 비율을 확정 짓기는 어렵지만 전체 빈도는 젊은 성인과 별 차이가 없다. 암스테르담의 55~85세 인구 코호트를 대상으로 연구한 결과, 2.8%는 충분히 ADHD 진단에 부합하였고, 확진할 정도는 아니지만 의심할 만한 경우까지 확대하면 4.2%가 해당하였다. 다른 연구에서도 빈도는 비슷하다고 보고한다.

흔히들 '성격장애'가 있는 경우도 마흔 무렵을 넘어서면 모난 데가 완화된다고 하는데, ADHD도 나이가 들면서 증상이 줄어들거나 약해질까? 증세가 줄어들면 노인 환자들에게 약물치료는 안 해도 되는 걸까? 우리나라 평균 수명이 남자는 80년, 여자는 86년 정도다. 예전 같으면 나이 60에 무슨 영화를 본다고 병원에 가겠냐고 하지만, 그것은 너무나 옛말이고 여명을 생각하면 언제라도 치료가 필요하다.

노인이 되면 ADHD 증상이 약화되는가에 대한 답은 젊을 때랑 큰 차이가 없다고 본다. 또래 노인에 비해 자존감이 낮고, 충동 성향 때문에 화를 잘 내고, 실수가 많은 점도 비슷하다.

ADHD 노인들은 일반 노인군에 비해 이혼 또는 별거 상태가 많았고, 가족들과의 네트워크가 취약했다. 또한 사회생활 참여 빈도가 낮았고, 정서적으로 우울감 및 외로움이 더 큰 상태였다. 외래에서 만나는 노인 환자들 역시 충동 성향 때문에 가족이나 주변 인물들과의 유대관계가 좋은 편이 아니었다. 환자 문제도 있겠으나 병이라고 인식하지 못하는 가족들의 태도 역시 개입이 필요한 부분이다.

한편, 일반 노인보다 신체 에너지가 더 많아서 활동적이며, 열정적이고 좋아하는 활동에 몰입도가 높고 호기심이 많아서 여러 가지 주제나 활동을 즐기는 편이다. 노인 환자는 대부분 우울, 수면장애, 알코올 의존 등의 공존장애를 동반하고 있으며, 젊은 성인에 비해 비만, 고혈압, 파킨슨씨병 등 신체질병이 더 많았다.

노인 환자를 위한
대책

평균 수명이 빠르게 늘고 있는 것에 비해, ADHD 노인을 위한 기반시설이나 제도는 이를 따라가지 못하고 있다. 예를 들면, ADHD 치료제 중 가장 많이 사용되는 메틸페니데이트 오로스정은 사용 승인 연령이 만 6~65세다. 다른 ADHD 약물들 중에는 아직 소아청소년으로 국한하는 경우도 있고, 애매하게 소아청소년 및 성인으로 표시된 경우도 있다. 앞서 말한 환자의 경우도 65세가 지나면서부터는 약제 사용 시 의료보험 대상에서 제외되고 본인부담이 되어서 약값 부담이 늘었다. 이는 치료 중단의 원인이 될 수도 있다. 노인 환자가 많은 치매나 암 경우는 의료보험 혜택으로 치료비에서 자기 부담금이 10% 이

하다.

젊은 성인에 비해 증상이나 빈도가 비슷하다면 노인 환자의 치료 역시 별 차이가 없을까? 약물치료는 성인기에 비해 대사나 장기 기능을 고려하여 낮은 용량부터 서서히 증량해 나가야 한다.

노인 환자를 이해할 때 크게 두 가지 방향을 고려할 수 있다. 하나는 어릴 때부터 ADHD 성향이 제대로 조절되지 못한 경우라면 자존감 저하 및 우울감 등이 누적되어 더 불행하게 느낄 수 있고, 반대로 ADHD의 에너지원이 유지되면서 또래 노인들에 비해 에너지와 열정이 넘쳐서 자신의 환경에 적응하고 대처하는 전략들이 개발되어 노년에는 오히려 나름대로 즐겁게 생활할 수 있다.

이러한 특성들 때문에 ADHD 노인들이 가장 많이 호소하는 문제가 사회관계 부족 또는 단절이었다. 그 밖에 가정불화, 금전관리 부실, 일상생활 구조화 부족 등을 어려움으로 꼽았다. 젊을 때는 가족 외에도 직장생활 등을 통한 사회적 네트워크가 구축되어 있지만, 나이가 들면서 대부분 은퇴하여 직업을 놓게 되고 자녀들도 결혼이나 분가 등으로 멀어지면서 외롭게 된다. 반항적 기질이나 욱하는 성질 때문이기도 하지만 노년기 자체가 주변과의 교류가 줄어들 수밖에 없다. ADHD 노인을 위한 사회지지체계에 대해서도 고민할 때가 된 것이다.

ADHD는 전 생애를 통해 우리 삶에 찾아올 수 있다. 남녀노소, 모든 삶은 존중받아 마땅하기에 노인 ADHD 문제는 더욱 마음에 남는다.

성인 ADHD를 이해하기 위한 사례 1

58세에 ADHD 진단받은 제이콥 이야기

전직 간호사,
제이콥 클롬스트라

인물에 대한 소개

제이콥은 네덜란드에서 9남매 중 다섯 째로 태어나 오랜 기간 주로 구급차 운전과 응급간호사로 근무한 뒤 퇴직하였다. 젊을 때는 직장 일 외에 술, 담배, 자동차, 섹스에 몰입했고, 나이가 들면서 보트 수리와 항해에 관심이 많았다. 두 딸을 낳았으나 아내가 원해서 20년 결혼 생활 끝에 이혼했다. 젊을 때부터 원인 없는 각종 통증에 시달렸고, 50대 후반 정신과 진료를 권유받고 58세에 ADHD 진단을 받고 치료를 시작했다. 평생 시달린 ADHD 증상을 표현하는 『내 머릿속의 불꽃놀이』라는 자서전을 63세에 출간했다.

정신과 진료를 받게 된 이유는?

젊을 때부터 각종 통증과 신체 문제로 고생하였으나 실제로 확실한 진단명은 없었다. 그렇게 아프면서도 항상 바쁘게 활동적으로 살았다. 2005년 11월, 통증 때문에 자주 찾던 물리치료실에서 이유를 알 수 없는 만성 통증을 알아보기 위해 임상심리사를 소개해주었다. 제이콥을 면담하던 임상심리사는 제이콥의 인생 역정은 정신과 의사와 상의하는 게 좋겠다며 병원을 연결시켜주었고, 정신과 의사는 또 다른 정신과 의사이자 ADHD 전문가인 샌드라 코이 박사에게 제이콥이 진료받을 수 있도록 안내하였다. 제이콥을 진찰한 코이 박사는 58세의 제이콥에게 ADHD 진단을 내리고 치료를 시작하도록 권유하였다.

진단 및 치료약물에 대한 반응은?

자신의 진단에 대해 제이콥은 자신의 문제가 ADHD라는 병 때문임을 받아들이기 힘들어했으나, 인정한 후에는 자기 아버지 역시 ADHD 가능성이 있었으며, 형제 자매 중에도 ADHD 또는 자폐성향이 있었다는 것을 알게 되었다. 어린 시절 자신을 힘들게 만들었던 문제들이 ADHD 때문임을 알게 되면서 지금에야 이것을 안 것을 안타까워하고 슬퍼하였다.

첫 치료약물은 메틸페니데이트 계열의 속방정 제제인 리탈린이었고, 약물 복용 후 평생 계속되던 머릿속 불꽃놀이가 끝나고 평화가 찾아오는 느낌이었다. 사람들과 소통하고 교류하는 것도 훨씬 나아졌다. 전처럼 충동을 곧바로 행동으로 옮기기보다는 한번 더 생각하게 되었고, 생각 자체가 달라짐을 느꼈다. 그러자 이러다가 자신이 다른 사람으로 변하게 될까 봐 겁이 나기도 했고, 한때 투약을 거부하였다. 치료 과정 중에서 약만으로 안 되는 것들이 있음도 알게 되었고, 생활을 다르게 조율하는 법을 배워 나갔다.

가족 특징

할아버지는 남의 말을 듣지 않고 항상 자기 멋대로 하는 스타일이었으며, 상의나 제안보다는 자기 필요한 것만 요구하는 성격이었다. 아버지는 천재적 창의성이 있는 분이었다. 이것저것 쓸모 있는 발명을 많이 했지만 사업 수완은 빵점이라서 항상 남 좋은 일만 했고 경제적 이득은 없었다. 아버지는 할아버지처럼 항상 충동적이고 멋대로 행동했다. 한 때 아코디언 연주자가 직업인 적도 있었고 직업은 수시로 바뀌었다. 수입이 부족해서 항상 이런저런 부업을 집에서도 하다 보니 집 안이 항상 어수선했다. 제이콥의 부모는 애들이 14세가 되면 어른이 된 것으로 간주해서 자기 밥벌이를 해야 한다고 주장했고, 이는 술, 담배도 허용한다는 뜻이었다.

늘 집은 가난했고 부모는 많은 아이들을 제대로 훈육할 틈이 없었다. 이웃사람들은 제이콥네 식구들이 반사회적 경향이 있다고 생각했다.

학창 시절

유치원은 다니지 못했고 초등학교에 입학하여 공부를 따라가기 힘들어했다. 네덜란드 표준어와 제이콥 가족이 쓰는 사투리가 많이 달라서 수업을 알아듣기도 어려웠다. 이때부터 시작된 난독증은 평생 제이콥을 괴롭혔다. 학년이 올라가면서 교사들과 언쟁이 많아졌고, 그만큼 체벌도 늘었지만, 항상 쾌활하고 에너지가 넘쳤다.

직업

초등학생 때는 변호사, 목사 등이 되고 싶었지만 돈을 벌어야 해서 항상 신문배달이나 공장일 등을 하였다. 학교 졸업 후 인쇄(제본, 활자)하는 직장에 다니다가 사장님이 비용을 대줘서 4년간 그래픽학교Graphics school에 다니고 제본업자 자격을 취득하였다. 자격 취득 후 지역 병원의 물리치료부서 내 인쇄(제본) 조수로 지원하게 되었는데 그 과정에서 물리치료사, 또는 정신과 간호사가 돼서 병원에서 일하는 것도 좋겠다고 생각하게 되었다.

병원에서 교육받는 동안 난독증 때문에 어려움을 겪었다. 강의 시간만으로는 수업을 따라가기 어렵기 때문에 해결책으로 밤새 책을 미리 읽고 자신만의 방식으로 정리를 했다. 엄청난 에너지가 필요한 작업이었고, 이 무렵 두통이 시작되었다. 안과의사, 내과의사, 신경과의사에게 진료를 받았지만 원인이나 해결책을 알아내지 못했다. 수년간 교육 과정이 끝나고 물리치료사 및 응급구조사 자격증을 취득한 뒤 두통이 사라졌다.

결혼생활

1971년. 정신과 간호사 자격시험을 통과하였고, 간호사인 아네케와 결혼했다. 결혼생활에 충실했고 딸을 둘 낳았으나 부부 사이는 소원하였다. 직장 동료나 환자들은 언제나 쾌활하고 재미있는 그를 좋아했다. 하지만 입바른 소리를 잘 하는 제이콥은 윗사람들과 사이가 원만하지 않았고, 수석간호사로서 서류작업이 많은 것도 부담스러웠다. 읽고 쓰기가 어려운 그에게는 더욱 그랬다. 하지만 자기만의 방식으로 서류작업을 해낼 수 있게 되었다. 힘들 때도 자녀들에게는 항상 재미있는 아빠였고, 항상 에너지가 넘쳤다. 일과 여가에 몰입하다 보니 몸에 무리가 가는 것을 깨닫지 못했다. 형제자매나 가족들과 관계는 소원해졌다.

노년기의 제이콥

1993년 온 몸의 에너지가 다 빠지고, 온갖 관절이 다 아프고 움직일 수가 없게 되었다. 행정직으로 전환도 고려했으나 난독증과 행정 업무 부담 때문에 포기하고 퇴직을 결심한다. 은퇴 후 바쁘게 사는게 오히려 도움이 될 것 같아서 이전에 연을 맺었던 네덜란드 국영교육방송에 구급차간호사 역할로 출연하기도 하고, 노인요양원 봉사활동, 박물관 자원봉사, 본인이 살고 있는 시의 물축제 이사회 회원 등으로 활동하였다. 정치에도 관심이 생겼고, 많은 사람들이 제이콥의 정당 활동을 지지했다. 제이콥은 주로 자신이 경험한 의료체계의 문제를 개선하기 위해 노력하였다.

제이콥의 메시지

2006년 ADHD 진단 후에는 자기를 진단해준 샌드라 코이 박사가 일하는 성인 ADHD 관련 기관에서 일하기도 하였고, ADHD 관련 각종 학회 강연과 라디오/텔레비전 인터뷰를 통해 자신의 경험을 전하였다. ADHD 경험담을 담은 저서를 출간하였고, ADHD로 인해 고생하는 이들을 돕는 활동을 계속하였다.

제이콥은 자기 이야기를 책으로 출간하는 이유를 다음과 같이 정리하였다.

"이 책을 통해서 단 한 명의 아이라도 ADHD의 어려움으로부터 구해낼 수 있다면 내가 책을 쓴 목적을 달성한 것이다."

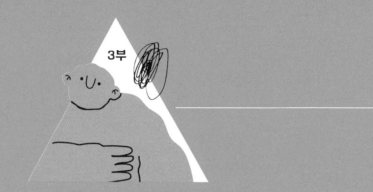

3부

일상으로 돌아가기 위한
변화의 이야기

1장

ADHD와 함께하는
가정의 모습

성격 차이인가,
ADHD 증상 때문인가

　결혼을 앞둔 남녀가 진료실에 들어왔다. 양가에서 결혼 승낙을 받기는 했는데, 남자친구가 배우자 될 여자친구의 성격 중에 걱정되는 부분이 있어서 병원을 찾아왔다고 했다. 여자친구의 다른 것들은 크게 걸리지 않는데 성격이 다혈질이라 때로는 그 격한 감정을 받아들이기 어려울 때가 있다고 했다.

　자세한 이야기를 들어보니, 남자친구랑 한 약속을 잊어버리는 일이 다반사고, 그렇지 않은 경우라도 거의 대부분 약속 시간을 지키지 않았다. 심지어 양가 상견례 자리마저도 늦게 왔다. 그런데 남자친구가 더 화가 났던 건 이런 상황에서 여자친구의 태도였다. 게임을 하다가 늦었으면서 "어쩌다 늦을 수도 있지, 뭐 그런 걸로 감정이 상하냐"고 오히려 반문하는데, 때로는 기본적인 윤리나 도덕심이 너무 부족한 게 아닐까 하는 생각이 든다고 했다. 혹시 이런 게 병인지, 병이라면 고칠 수 있는지 알고 싶다고 말했다.

결혼생활을 한 지가 꽤 되었는데 도저히 서로 맞추기가 어려워서 이혼을 결심한 부부가 찾아오기도 한다. 아내는 지쳐서 이혼하겠다고 하고, 남편은 자기는 최선을 다하고 있는데 아내가 왜 저러는지 잘 모르겠다고 한다. 남편은 회사에서 능력을 인정받고 있고, 경제적으로도 충분히 가족을 부양하고 있으며, 아내나 자녀들에게 애정을 느끼고 있다고 말했다. 아내는 남편이 일 잘하는 것은 좋지만 일 외에는 아무 관심이 없고, 모든 게 자기중심적이라고 호소했다. 사실 직장에서도 아랫사람들은 상사인 남편의 자기중심적이고 미숙한 언행 때문에 많이 불편해했다. 주말에는 자기가 좋아하는 모임이랑 동호회는 절대로 빼먹지 않고, 다녀오면 쉬어야 한다며 방에 들어가 게임을 한다고 했다. 자녀들이 놀아달라고 방문을 열면 소리를 지르고 화를 내는데, 아내 생각에 남편이 '일중독 ADHD' 같다는 것이었다. 자신이 보기에는 남편이 꼭 시아버지를 닮았다고, 집안 내력인 것 같다며 아들도 유전적 영향을 받았을까봐 걱정을 했다.

가정법원 통계를 보면 이혼사유 중 가장 많은 것이 '성격 차이'다. 정신과 의사를 수십 년 해도 판단이 쉽지 않은 성격 문제가 부부의 인생을 좌우하는 결정을 한다는 사실이 항상 놀랍다. 부부 두 사람이 모두 이혼에 동의하는 경우도 있겠지만, 예로 든 예비부부와 중년부부처럼 두 사람 중 한 명이 더 상대방을 못 견디고 힘들어하는 경우가 많다. 혹시 성격 차이가 생기는 원인 중에 ADHD가 있을까?

정신의학적으로 성격의 정의는 이렇다. 사람은 주위 환경과 인물에 반응하는 특성을 가지고 있으며, 이 특성은 잘 변하지 않고 지속되는 경향이 있고, 이 특성의 합을 성격이라고 정의한다. ADHD는 병이다. 성격 차이인 줄 알았던 문제의 원인이 ADHD 증상 때문임을 알게 된다면 어떻게 될까? 그런데 잘 변하지 않고 지속되는 특성의 합인 성격과 ADHD 증상을 구별하는 게 가능할까?

데이터에 따르면 성인 ADHD는 충동성과 자기조절의 어려움으로 배우자나 자녀와의 관계에서 배려와 공감이 부족하고, 결혼생활 유지에 어려움이 많고 이혼율도 높다고 알려져 있다. 청소년기는 이성적 사고보다 감정에 치우치다 보니 위험한 행동을 겁내지 않는다. 위험한 행동에는 과속 경쟁, 술, 담배, 마약 외에 성적 문란함도 포함된다. 청소년기 위험행동은 사춘기 특성이라고 여길 수도 있지만, 성인의 경우 이러한 위험한 행동이 계속된다면 개인의 특성이 아니라 ADHD 성향일 가능성이 높다. 과속운전, 음주운전, 운전법규 위반, 익스트림 스포츠 extreme sports 등은 사춘기 청소년의 '위험행동'과 다르다. 성인기 충동 성향 중에는 과도한 몰입이나 중독 성향도 포함된다. 쇼핑 중독, 주식이나 게임 중독 등은 과도한 몰입 행위 자체도 문제이지만 경제적 손실을 끼칠 수도 있어서 더욱 심각하다. 이렇듯 결혼생활에 영향을 미칠 수 있는 ADHD 증상은 결혼생활을 지속할 수 없는 이혼 사유가 되기도 한다.

배우자가
ADHD라면

과거 혹은 현존하는 인물들 중에 ADHD 가능성이 높은 인물 80명을 분석한 〈유명인 ADHD 긍정성 연구〉를 진행한 적이 있다. 여기에는 자신이 ADHD 진단을 받았음을 공개적으로 밝힌 영국의 스타 셰프 제이미 올리버나 어릴 때 ADHD 치료를 받은 하버드대학 교육학과 토드 로즈 교수 같은 인물도 포함되어 있다. 이들처럼 자신이 ADHD 진단받은 일을 밝힌 이들도 있지만 대상이 된 인물들 대부분은 자서전과 미디어 자료 등을 분석한 것이었다.

이 연구 내용 중 흥미로운 것은 이들의 결혼 상태였다. 예상과 달리, 역사적인 ADHD 인물 중 과반수 이상은 이혼하지 않고 결혼생활을 잘 유지했다. 물론 연구 대상이 된 인물들은 비교적 자신의 영역에서 사회적으로 성공한 사례들이므로 전체 ADHD를 대표한다고 보기는 어렵다. 하지만 연구 대상이 될 만큼 ADHD 특징이 두드러진 인물들이었으므로 이들의 특징은 ADHD를 대표하는 것으로 볼 수도 있다. 일반 인구의 이혼율보다 오히려 이혼율이 낮았던 이유 중에는 ADHD 특징에 대한 가족의 이해가 컸던 것으로 보인다.

결혼은 두 명의 성인 사이의 조화가 필요하며, 특히 우리나라 문화에서는 두 사람을 둘러싼 가족들 역시 조화를 이뤄야 한다. 성격이란 주변 환경과 인물에 반응하는 특성이다. 어느 한쪽만의 문제 때문에 차이가 생기는 것이 아니다. 한쪽이 문제가 있더라도 상대방의 반응에 따라 '문제'가 '장점'으로 느껴질 수도 있다. 반응에 따라 행동도 다르게 나타나기 때문이다.

결혼생활 중에 발생한 문제들이 성격 차이 때문인지, ADHD 문제인지는 명확하지 않다. 다만 결혼은 타인과 매우 밀접한 관계를 꾸려가는 것이다. 자신의 문제나 성향이 뚜렷하게 드러날 수밖에 없다. 나 자신 또는 배우자가 ADHD인지 알고 접근하는 것과 단순한 성격 차이로 인식하는 것은 갈등을 해결하는 과정에서 결과가 달라질 수밖에 없다.

다만 결혼생활 중에 배우자가 성인 ADHD 진단을 받게 되면 이를 어떻게 받아들여야 할지 논의가 필요하다. 치료자 입장에서는 지금의 상황이 치료 가능하며 그로 인해 결혼생활과 삶의 질이 개선될 수 있다는 것에 초점을 맞추고 진료를 진행한다.

어려운 문제이겠지만 ADHD는 당사자 개인의 노력과 더불어 가족의 지지가 필요하다. 배우자의 행동이 병이라는 것을 인정해줄 필요가 있는 것이다. ADHD는 노력만으로 안 되는 부분이 많다. 그럴 때 '아, 이 사람이 일부러 그러는 게 아니었구나, 최선을 다했는데도 이 정도밖에 안 된 거구나'라고 받아들이는 것이다.

우리가 알고 있는 인물로 예를 들어보면 ADHD 성향이 있었던 스티브 잡스의 경우, 결혼을 통해 급속히 안정감을 찾았다. 사회성이 떨어지고, 괴팍한 성격, 분노조절장애처럼 생각할 수밖에 없는 부분들을 배우자가 잘 조절해주었던 것으로 보인다. 물론 배우자에게 일방적인 희생을 강요할 수는 없지만, 단지 ADHD를 이해받는 것만으로도 개선의 여지가 있다는 것을 전하고 싶다.

자녀교육의
어려움을 극복하기 위해

성인 ADHD와 가정을 이루면, 부부 사이뿐만 아니라 자녀를 낳아 키우는 것에도 영향을 받을 수밖에 없다. ADHD 특성

중 하나는 남의 말을 잘 듣지 않는 것이고, 일을 진행할 때 자기 위주로 자신이 하고 싶은 대로 하는 것이다. 이 특성은 자녀 양육에도 그대로 나타난다.

부모 기준에 맞춰서 아이를 통제하려다 보면 지시하게 되고, 요구가 많아지고, 자기 뜻대로 되지 않을 때 화를 내게 된다. 체벌을 하는 경우도 있다. 아이가 크면서 부모에게 순종하지 않으면 공존장애가 있는 부모는 우울감이나 무력감이 심해질 수 있다.

또한 성인 ADHD의 정서 특징 중 하나는 낮은 자존감이다. 양육에서 중요한 목표 중 하나는 아이가 부모를 통해 스스로의 자존감을 키워나가는 일이다. 부모 입장에서는 자신의 어린 시절이 아이에게 되풀이되지 않도록 해야겠다는 생각에 마음이 급해질 수 있다.

더불어 ADHD는 유전 성향이 높은 편이다. 소아정신과 의사들이 일반 정신과의사들에 비해 성인 ADHD에 관심이 커진 이유 중 하나가 소아 환자를 보게 되면 부모를 만나 정보를 듣기 때문이다. 보호자와 충분히 아이에 대한 이야기를 나누면 좋겠지만, 진료 시간이 제한되어 있다 보니 필요한 정보를 듣는 데 급급한 편이다. 하지만 어떤 부모는 의사가 묻는 질문에 대답하는 것 같다가 삼천포로 빠진다. 아이가 자기를 너무 힘들게 한다면서 하소연을 하기도 하고, 맥락 없이 자신의 이야기를 쏟아내기 시작한다. 의사는 이야기 주제가 걷잡을 수 없을 정도가 되면 '아이의 부모도 ADHD 평가가 필요하겠구나'라고 생각하면서 적극적으로 개입하기 시작한다.

부모와 자녀 한쪽만 ADHD가 있어도 서로에게 힘든 상황이 되는데, 부모 중 한 사람이 ADHD이고 자녀가 ADHD이면 더 힘들어진다. 자녀가 둘 이상인데 그 중 하나가 ADHD라면 ADHD 아닌 아이 입장에서도 힘들다. 큰아이가 ADHD이면 작은아이가 큰아이를 모방하기도 하면서 큰아이는 괜히 부모 원망을 더 듣게 된다. 자녀를 기르는 일은 끊임없는 이해가 필요한 일이다 보니 참지 못하는 ADHD 부모와 자녀가 충돌할 확률도 높다.

예를 들어보자. ADHD 자녀 방은 항상 지저분하고 정리가 안 된다. ADHD가 있는 엄마는 오늘만 해도 여러 번 방 좀 치우라고 했는데 아이가 말을 듣지 않자 마침내 소리를 친다. 아이는 알았다고만 하고 여전히 게임에 매달려 있다. 이때 엄마가 그냥 씩씩거리며 방 청소를 해가면서 정리를 해줄 수도 있겠지만, ADHD 엄마는 엄마대로 정리정돈이 잘 되지 않는다.

퇴근한 아빠는 엉망인 거실에서 홈쇼핑으로 주문하느라 정신 없는 엄마를 보고 화가 난다. 아이 방을 들여다보니 역시 아수라장인데 아이는 게임기에 매달려서 인사도 하지 않는다.

배우자가 ADHD인 것을 알았고, 아이도 ADHD인 것을 알면 어떨까? 아이에게 ADHD 성향이 있다고 부모가 아이를 원망할 일도 아니고 야단친다고 고칠 수도 없다. 아이가 기침하고 열나면 소아과에 가서 폐렴이나 뇌수막염같이 큰 합병증이 생기지 않게 치료를 받듯, ADHD가 의심되면 잘 치료해서 숨겨진 재능을 잘 발휘하게 지지해줘야 한다.

자녀가 ADHD라면 미리 일과와 활동을 계획하여 미리 이를 알려주고 규칙적으로 다시 환기시켜주는 것이 큰 도움이 된다. 머리를 어지럽히는 방해 요소를 최소화할 수 있도록 책상이나 잠자리 등 자기 자리를 잘 정돈하는 것도 중요하다. 무엇보다 어렸을 때부터 반복된 실패의 경험은 자녀의 자아상에 균열을 일으킬 수밖에 없다. 남과 다른 점은 조금 불편해도 해결할 수 있는 문제며, 아이가 가진 본연의 장점에 대해 끊임없이 인지시켜주면서 긍정적인 자존감을 세울 수 있도록 힘을 준다.

성인 ADHD와 아동 ADHD 모두, 생활 속에 어려움을 겪을 때마다 주변인들의 격려가 필요하다. 긴 시간 ADHD를 진료하고 추적 관찰해오면서 가까운 사람의 지지가 얼마나 큰 힘이 되는지 피부로 느끼고 있다. 실생활에서 서로가 힘이 될 수 있도록 가족 고유의 규칙을 만드는 것도 의미가 있다.

2장

ADHD는
학습에 어떤 영향을 미치는가

◉ ADHD와
학교생활

ADHD 환자들이 생활 속에 어려움을 겪는 부분 중에 하나가 바로 학습이다. 이것은 아동부터 성인까지 이어지는 문제이지만 학교에 들어가면서부터 눈에 띄게 부각된다.

ADHD 아이가 학교생활에 어려움을 겪는 이유 중 하나는 행동 문제를 들 수 있다. 과잉행동/충동성 때문에 교실에서 규칙을 따르지 못하고 수업 시간에 교사의 지시에 반하는 행동을 한다. ADHD에 대한 교사의 기본 인식이나 대응 기술은 아이의 학교 적응 정도에 결정적 영향을 미친다.

학교생활이 어려운 또 다른 이유는 바로 학습 문제다. 지능과 별개로 체계화하기, 계획하기, 순서 정하기 등에 어려움이 있어서 수업 일정을 따라가기가 어렵다. 초등학교 3~4학년은 읽기를 배우던 시기에서 학업을 위해 읽기 분량이 늘어나는 시기로 넘어간다. 수업 집중이 힘들어지고 그에 따른 감정기복도 생길 수 있다. 난독증이 겹쳐 있다면 더 힘들어진다.

간혹 난독증을 ADHD 증상의 하나로 생각하거나, 혹은 둘을 같은 진단으로 착각하는 경우가 있으나 별개의 진단이다. 난독증이 있는 아동에서 ADHD가 공존하는 빈도가 높기 때문에 그러한 오해가 생기기도 한다. 난독증은 언어 이해력은 온전하지만 문자로 표기된 단어를 말소리로 바꾸는 해독능력이 부족한 경우이다.

마지막으로, 또래관계를 포함한 사회기술 발달이 부족해서 학교생활이 어렵다. 친구를 만들 때 필요한 사회적 단서를 이해하지 못해서 친구가 관심을 보이고 툭 치는 행동이 싸움으로 이어지기도 하고, 놀이나 게임에서 규칙을 지키지 않아서 친구들이 싫어할 수도 있다. 이렇듯 학습기능만의 문제가 아니고 학교생활 전체가 어려워진다.

ADHD 문제 중 학업기능장애는 어린 시절부터 성인기까지 계속 중요한 부분을 차지하므로 나라마다 그에 따른 법을 만들어 지원한다. 우리나라는 아직 ADHD 학생만을 위한 법적 지원이 없는 편이지만, 일본은 ADHD에 대해 의학적 진단 기준과 별도로 특별교육 지원기준이 있다. 미국의 경우 장애인교육법에 따라 ADHD 진단뿐 아니라 동반된 학습장애, 불안장애, 기타 기능상 문제로 인해 학업 수행에 지장이 있다면 개인별로 차별화된 시험환경과 과제 부여, 녹음기나 컴퓨터 같은 보조기기 이용 등 개인맞춤형 학습환경을 조성해준다.

문제는
자기통제력이다

초등학교에 입학하면 호기심이 많은 ADHD 아동은 교사에게 질문도 많이 하고 교사보다 더 많이 말하고 싶어 하기도 한다. 수업 시간에 교실 안을 돌아다니거나 교실 밖 자극에 반응하기도 한다. 많은 초등학교 교사들이 ADHD에 대한 지식을 가지고 있고 ADHD 아동을 이해하려고 노력한다. 하지만 교실 안에 있는 여러 아이들을 통솔하다 보면 ADHD 아동의 말과 행동을 모두 수용하기는 현실적으로 쉽지 않을 것이다.

뇌 영상 연구에서 밝혀지는 ADHD 뇌의 비밀은 신기하게도 초등학교 입학 연령과 관련이 있다. 행동조절을 관장하는 뇌 부위는 대개 이 무렵에 빠르게 성장하며, 교사의 지도에 따라 자기조절이 가능해진다. ADHD는 뇌의 자기조절부위의 성장 속도가 일반 아이들보다 늦기 때문에 초등학교 입학에 필요한 자기통제력이 부족하다. 중·고등학교 과정은 과목이나 난이도 면에서 ADHD에게 더 불리하다. 관심 없는 과목이나 수행평가를 참고 해낼 만큼 자기통제가 쉽지 않기 때문이다. 더구나 디지털세대 아이들에게는 학교보다 사이버 공간이 훨씬 더 매력적이고 즐겁다. 대학이나 사회에 진출하면 필요한 공부는 더 난이도가 높아진다.

학습이란 교육학적으로는 지식 획득과 습관 형성 등을 목표로 하는 의식적 행동이며, 심리학적으로는 심리적, 행동적 경험을 통해 행동양상이 변화, 발전하는 것이다. 즉, 공부에 필요한 행동을 익히는 과정이다.

음식 습관을 예로 들어보자. 적절한 양의 음식을 적절한 시간대에 섭취하면 건강에 좋다고 배우지만 실천은 어렵다. 어른이 돼도 입에 맞지 않는 야채를 건강을 위해 억지로 먹기는 쉽지 않다. 건강검진에서 고지혈증 판정을 받아도 밤이 되면 찾아오는 식탐을 물리치기가 어렵다. 식욕을 자제할 것인지 결정하는 데 많은 심리적, 인지적 요소들이 충돌하지만 결국 최종 결정은 자기조절력에 달려 있다.

공부도 이와 다르지 않다. 더 재미있는 게임기나 레고 블록이 책상 옆에 있다면 공부에 마음이 가지 않는다. 초중고 시절 공부에 필요한 습관이 만들어지지 않았는데 성인이 되었다고 저절로 생길 리 없다. 다만, 성인이 되면 현실적 이유와 목표가 생겨서 공부해야겠다는 내부 동기가 강화될 수 있다.

학습능력 키우기

그렇다면 ADHD는 어떻게 학습능력을 키울까? 앞서 말한 〈유명인 ADHD 긍정성 연구〉에서 몇 가지 공통점을 발견할 수 있었다.

첫째, 상당수가 어릴 때 학습에 각종 어려움을 겪었다. 심지어 학습부진아로 분류되어서 특수학교로 전학을 권유받기도 했다. 둘째, 아예 어릴 적부터 자신의 재능을 키워나가는 데 집중한다. IKEA 창업자 잉그바르 캄프라드는 난독증과 ADHD 성향 때문에 글읽기가 어려울 정도였지만, 돈을 모으는 재주가 있었고, 학교 입학 후에도 자기 재능을 키워나갔다. 셋째, 약점을 극복하기 위해서 애쓰기보다 자신의 강점을 강화해서 약점을 보완했다.

이미 성인이 된 경우 우리는 세 번째 항목에 집중할 필요가 있다. 개인의 능력과 ADHD 특징은 개인별로 천차만별이므로 일률적인 해결책은 없다. 따라서 자기 공부습관의 특성을 분석해서 해결책을 모색해야 한다.

먼저 동기에 관한 부분이다. **첫째, 동기는 외부요인과 내부요인이 있다.** 외부동기는 결과가 좋을 때 또는 나쁜 결과를 면했을 때 주어지는 보상이다. 내부동기는 자신의 관심사에 따른 것이다. 하지만 성인 ADHD는 오랜 기간 실패와 좌절을 반복하면서 자신감이나 흥미를 잃고 뭔가를 시도하는 데 자신이 없고, 그런 내외부 동기에 대해 의욕이 떨어져 있다. 자기를 격려하고 의욕이 생기도록 하는 데 어떤 것이 유리한지 자신의 욕

구와 관심에 대해 곰곰이 생각해봐야 한다.

둘째, 공부습관과 관련된 불안이나 강박 성향이 있는지 알아본다. '우승한 사람이 또 한다'는 말이 이와 통한다. 제대로 해낸 경험이 많지 않으면 결정적일 때 실수나 실패에 대한 불안감이 생긴다. 예를 들어, 크고 작은 과제물을 제출할 때 거의 다 완성된 상태인데도 불구하고 뭔가 잘못된 것이 있지 않을까 불안해서 붙들고 있다가 결국 마감 시간을 놓치기도 하는 것처럼 말이다.

ADHD 특성 중에는 과제 전환의 어려움 때문에 변화에 적응이 어려운 경우가 있다. 예를 들어, 부장님과 하는 다음 회기 중점 판매전략 회의가 끝났는데 뒤늦게 몰입하다가 이어지는 중역회의 발표 시간에 버벅댄다. 이러한 특성은 강박으로 나타나기도 한다. 또한 수행평가 같은 경우, 제시간 내에 과제를 제출하는 게 가장 중요한데, 사소한 문제를 해결하느라 에너지가 과잉 투자된 상태에서는 마감 시간을 지키라는 충고를 받아들이기 힘들다.

성인 ADHD가 오랜 시간 독서실에서 꼼짝 않고 있는 것이 공부 진도가 나가는 것일 수도 있고, 소위 '안절부절못함'일 수도 있다. 가만히 앉아서 다리 떨기, 손톱 물어뜯기, 볼펜 돌리기, 머리카락 꼬기 등 자기도 모르는 행동을 하고 있기도 한다. '안절부절못함'은 어린 시절 과잉행동의 변형된 형태일 수 있다. 앉아 있도록 자기를 조절할 수 있지만, 뇌의 관심사는 책 내용이 아니기 때문에 에너지가 튈 곳을 찾는 것이다. 이럴 때는 쉬는 게 나을 수도 있다. 그래서 '짧고 굵게' 학습하는 훈련이 필요하다.

셋째, 어떤 주의력 문제가 있는가를 알아야 한다. ADHD의 학습능력이 떨어지는 데 영향을 미치는 주 요인은 작업기억과 처리속도 지표다. 작업기억 지표를 확인하는 검사 중 하나로 '숫자 따라하기'를 들 수 있다. 구체적으로 예를 들면, 검사자가 3,7,2,6,5라는 숫자를 불러주면 피검자가 따라한다. 이 과정에서 주의력, 단기기억력, 집중력, 정신적 통제능력, 추론능력 등이 동원된다. 처리속도 검사 중 하나는 '간단한 기호 옮겨 적기'다. 이는 시각과 운동 협응, 단기기억력, 학습능력, 인지적 유연성, 동기 수준 등을 평가하는 데 유용하다. 이런 검사를 통해 어떤 문제가 어떻게 주의력에 영향을 미치는지 구체적으로 평가하고, 실전에서 개선할 방법을 찾아낼 수 있다. 기억이 진행되는 과정에서 주변 자극이 영향을 미칠 수 있다. 크게는 시각자극과 청각자극이 상관 있다. 기억 단계에서 주변 소음이나 레고블록, 게임화면 등 시각자극이 영향을 받는다면 기억 저장에 실패할 수 있다. 장기기억된 정보를 인출하는 것도 중요하다. 우리가 뭔가를 기억하려고 할 때 당황한다든가 기분이 가라앉아 있다든가 하면 잘 생각이 나지 않는 것처럼 감정에 얼마나 영향을 받는지 평가해야 한다.

반대로 주의집중과 기억기능에 유리한 자극을 알아내는 것도 도움이 된다. 흔히 어떤 이는 소리를 내서 암기하는 게 도움이 되기도 하고, 어떤 사람은 종이에 글로 쓰면서 암기하는 게 유리하기도 하다. 사람에 따라서 유튜브로 드라마를 보고 음악을 틀어놓고 공부하는 게 가장 효율적일 수 있고, 주변 소음이 있으면 전혀 집중을 못하기도 한다.

학습의 어려움, 강점 활용하여 뛰어넘기

대학생 K씨는 아침 일찍 강의실에 간다. 맨 앞줄에서 모든 수업을 녹음해야 하기 때문이다. 수업 중에는 다른 학생들 기침 소리, 볼펜 꼭지 누르는 소리, 무선노트북 자판 소리, 스마트폰 진동 소리 등 모든 소음에 다 신경이 쓰이고, 그러다 보면 멍 때림도 생기고 해서 수업은 다 들었는데 생각나는 게 하나도 없다. 집에 가서 헤드폰을 끼고 수업 내용을 자기 방식으로 정리하지만, 주말까지 투자해도 남들보다 좋은 학점을 받기가 어렵다. 더구나 기말 필기시험은 더 어렵다. 학생들 시험지 넘기는 소리, 볼펜 돌리는 소리 등에 신경 쓰다 보면 시험시간은 금방 지나간다. 담당교수나 학과장실에 소음에 민감하니 혼자 시험 치게 해달라고 부탁도 해봤으나 귀마개를 이용하라는 대답만 들었다.

K씨의 경우 어릴 때부터 시공간감각이 뛰어난 사람이었다. 그는 스스로 해결책을 찾아야만 했다. 수업 자료는 킨들 전자책, 수업시간은 녹음 대신 동영상 자료를 이용하면서 성적이 놀랄 만큼 향상되었다. 이런 자신의 강점을 활용하여 학습 효과의 반전을 꾀할 수도 있다.

3장

ADHD,
군대에 가다

성인 남자가 되면
진짜 고민해야 될 문제들

ADHD로 진단된 아이들 중 과잉행동이 심하거나 욱하는
기질이 심한데 치료에 잘 반응하지 않는 경우 부모는 걱정이
많다. 학교에서 다른 아이들과 자주 싸우거나 때려서 학교폭력
위원회에 회부되거나 다른 아이들과 잘 어울리지 못하고 소위
왕따가 되거나 또는 멍 때림이 심해서 대화에 집중하지 못하고
엉뚱한 이야기를 잘 하다 보니 '4차원'으로 불린다든가 할 때,

부모들은 아이들의 장래를 걱정하게 된다. 특히 남자아이들이라면 부모는 학교생활뿐 아니라 자녀의 군대생활에 대한 걱정이 태산이다. 군에 가서 사고를 쳐서 다른 사람이 다치는 건 아닐까, 자녀가 군에서 못 견디고 탈영을 한다든가 안 좋은 생각을 하는 건 아닐까 걱정하기도 한다.

우리나라에서 조직화가 극대화된 곳이 바로 군대다. 우리나라 남자는 일정 연령이 되면 병역판정 신체검사를 받고 결과에 따라 현역입영대상, 공익근무대상, 면제대상 등으로 나뉜다.

2021년 7월 29일 일부 개정된 국방부령 1061호/병역판정, 신체검사 등 검사 규칙/질병, 심신장애의 정도 및 평가기준 항목 중 104의 2항 신경발달장애(지적장애, 자폐스펙트럼장애에 포함되지 않는 의사소통장애, 주의력결핍 과잉행동장애, 특정학습장애, 운동장애, 틱장애, 그 밖의 신경발달장애, 배설장애 등) 내용에 ADHD가 포함된다.

이들 신경발달장애 중 경도인 경우 3급으로 판정하며 현역입영대상이 된다. 중등도인 경우 4급 처분으로 공익근무대상, 고도의 경우 5급 처분으로 군입대 면제가 된다. 104의 2항에 포함된 신경발달장애 중 어떤 장애도 경중을 따지기가 쉽지 않다. 특히 판단이 어려운 사례들은 군 신체검사 전까지 ADHD

진단을 받은 적이 없었던 남성이 병역판정 신체검사에서 '향후 일정기간 관찰이 필요한 경우'에 해당하여 7급 처분을 받고 병원을 찾는 경우이다.

7급 처분은 글자 그대로 군 신체검사 전까지는 병이라고 생각한 적이 없이 살다가 신체검사 때 '병'일 가능성이 있으니 일정기간 관찰 내지 필요하면 치료한 뒤에 다시 신체검사를 받도록 하는 조항이다. 성인이 될 때까지 ADHD 진단을 받은 적이 없다면 ADHD 특성으로 인해 2차적으로 발생할 수 있는 공존 정신병리까지 평가하고 분리해서 생각해야 하므로 어려워진다. 더구나 군대 문제라는 이해관계가 얽히면 더 복잡하다.

군생활, 잘할 수 있을까

ADHD의 군대생활 가능성 여부에 대한 의학 연구 결과는 징병제와 모병제 같은 제도 차이뿐 아니라 여러 가지 변수에 따라 차이가 많고, 심지어 연구 결과가 상반되기도 한다. 징병제를 시행하는 우리나라 장병들을 대상으로 한 연구에서는

ADHD 특성이 있는 군인에 대해 부정적 지표가 많았다. 군생활 중 우울, 불안, 물질 남용 등을 보이며, 작업 수행 기능이 낮고, 외상 후 스트레스장애를 보일 가능성도 높다고 한다. 단, 우리나라 군대 연구는 대부분 ADHD 평가를 위한 자기보고식 설문을 이용한 것이므로 이 결과가 ADHD로 확진된 병사들의 특징은 아니라는 점을 감안해야 한다.

모병제를 시행하는 미군의 경우 ADHD 병력 여부에 따른 차이를 비교한 결과, ADHD 병력이 있는 집단이 진급이나 정신건강평가에서 잘 적응하는 것으로 나타난 연구도 있다. 실제 미군의 경우 ADHD 병력이 있더라도 14세 이후에 잘 지내고 있으며, 특히 군에 지원하기 전 24개월 동안 약물 사용이 없었다면 지원하는 데 제약이 없다. 군대는 상당히 구조화된 집단이기 때문에 ADHD에게 취약한 조직화 기술을 향상시키는 데 유리하다는 연구 결과도 있으며, 군대에서 규칙적으로 체력단련을 시행하는 것이 ADHD 증상 조절에 도움이 되었다는 보고도 있다. 우리나라처럼 17세 이상 남성에게 징병제를 시행하는 싱가포르는 ADHD 진단을 받은 경우 군 입대에 제한은 없지만, 입대 후 폭발물이나 화기를 다루는 부서에 배치하지 않는다.

이해를 돕기 위해 경희대병원에서 진행한 〈군생활과 성인

ADHD 남성의 사회적 기능 연구〉를 소개한다. 성인이 되어 처음 ADHD로 진단받은 남성 90여 명을 대상으로 분석한 결과, 현역으로 제대한 집단이 군생활을 완료하지 못한 집단에 비해 지능이 높고 공존장애가 적었다. 직업 분포도 현역으로 만기 제대한 집단이 나았다. 지능지수는 치료로 달라질 수 없는 문제이지만, 조기발견, 조기치료로 공존장애를 줄여주는 것은 군대 문제뿐 아니라 직업에도 영향을 줄 수 있음을 시사하는 결과다.

진료 경험상 어릴 때부터 또는 군 입대 전부터 ADHD 진단을 받고 치료를 받고 있었던 경우라면 대부분 현역으로 군생활을 마칠 수 있다. ADHD라는 병 때문에 남보다 조금 더 잘 잊어버리고 실수를 하여 불편할 수는 있지만, ADHD가 있는 개인 자체가 군대나 훗날 사회생활에서 열외가 되어야 할 사람은 아니기 때문이다.

4장

성인 ADHD의
사회생활

직장생활,
어둡기만 한 것은 아니다

성인 ADHD 환자들의 가장 큰 위기는 직장생활이다. 사회에서는 너그러운 이해와 배려가 통하지 않는다. 현재까지 보고된 연구 결과들 또한 ADHD 성인의 직장생활이 쉽지 않음을 보여준다. 직장에 다니면서 결근이 많고, 한 직장에서 오래 근무하지 못하고 이직하는 빈도가 높으며, 승진이나 연봉 인상에서 실패하는 경우가 많다. 학력이 낮은 것도 약점이며, 직장에서 능력을 발휘하는 데 어려움이 있고, 대인관계면에서 원만하지 못하기도 하다. 하지만 좋은 대학을 나오고 남들이 선망하는 직장에 입사해도 문제가 생길 수 있다.

4년제 대학을 졸업하고 전문기사 자격을 취득한 P씨는 대기업 공채에 합격했다. 업무 면에서는 우수함을 인정받았으나 직장에 자주 지각하고, 회의자료 준비가 미비하고, 회의 시간에 딴짓을 한다든가, 자기 일을 동료들에게 미룬다든가, 자기가 감독하는 현장 인부들을 함부로 대하기도 하였다. 첫해 인사고과에서 낮은 점수를 받자 자기를 알아주지 않는다고 사표를 던졌다. 첫 직장을 나온 뒤 다른 곳으로 옮겼으나 비슷한 문제가 생기면서 이번에는 권고사직을 당했다. 이후 두세 차례 직장을 옮겨 다녔고 유사 업종에 취업이 어려워졌다. 무책임한 사람, 성실하지 못한 사람, 함부로 말하는 사람 등 안 좋은 꼬리표가 따라다녔기 때문이다.

이 무렵 ADHD 평가를 받고 치료를 시작했다. 학교를 졸업하고 취직할 때까지는 부모가 함께 살면서 아들을 감시하고 독려하였지만, 취직 후 부모가 한숨 덜었다며 직장 근처에 오피스텔을 얻어주고 교외 전원주택으로 이사를 하면서 문제가 생겼다. 이 사례의 경우 ADHD 성향도 문제가 되지만 어릴 때부터 부모가 문제해결능력을 키워주기보다는 대신 나서서 문제를 직접 해결해주면서 의존적이 된 성격과 낮은 자존감이 ADHD와는 별개로 앞으로 개선해야 할 큰 과제가 된 것이다. ADHD 증세가 약했다기보다는 성인이 된 뒤에도 부모가 세세한 부분까지 관리해주었기 때문에 뒤늦게 노출된 경우이다.

하지만 부정적인 사례만 있는 것은 아니다. 사회생활을 잘 해나가는 성인 ADHD도 있다. 대학병원에 있다 보면 본과 3학년이 되면 실습을 나오는 의대생들을 만나게 된다. 학생들과 이야기를 나누어보면 ADHD에 대한 이론은 잘 알고 있지만, 다음 질문에는 답변하기 어려워한다.

"ADHD로 진단받은 청소년이 의과대학에 들어가서 전공의 수련을 마치고 전문의가 될 수 있을까요? 혹시 여러분의 생각은 어떠한가요?"

의사국가시험에 합격하고 인턴, 레지던트 과정을 밟는 의대생 중에 ADHD 성향이 두드러지는 제자가 있었다. 제자들과 몇 년을 같은 공간에서 생활하다 보면 개인의 특성을 잘 파악할 수 있다. 그 제자는 ADHD 특징이 분명해서 동료들을 난처하게 만들기도 했지만 특유의 넉살로 동료들에게 도움을 청해서 위기를 넘기곤 하였다. 매우 높은 지능과 발달된 학업기능으로 실수를 보상하기도 했고, 많은 대화와 지도 감독을 통해 환자들의 감정을 공감하는 능력도 향상됐다. 4년 수련을 마친 뒤에는 전문의 시험에도 합격하였다.

ADHD에게 적합한 직업은

그렇다면 ADHD가 있다고 해도 개인의 능력과 주변의 헌신적인 도움이 있다면 달라질 수 있을까?

〈유명인 ADHD 긍정성 연구〉를 다시 살펴보자. 이 연구에 대해 자세히 설명해보면, 미디어나 SNS 등에 'ADHD'라고 알려진 인물 200여 명을 검색했고, 자서전 등 자료 분석을 통해 131명을 선별했다. 추가 검토 자료를 토대로 80명을 최종 선택하여 분석했다. 분석 결과 이들의 직업은 국제노동기구(ILO)에서 분류한 특정 분야에서 광범위한 지식과 기술을 요하는 레벨 3과 4에 해당했다.

구체적인 직업을 보면 이들 중 45%가 문화예술계에서 성공을 거둔 인물들이다. 화가, 작가, 음악가, 작곡가, 영화배우 및 감독 등 영화계 종사자 등이다. 대통령, 장관, 총리 등 정치인이 25%였고, 프로운동선수나 발레리나 등 체육인이 11%였으며, 엄청난 업적을 이뤄낸 과학자 등 이공계 인물이 11%였다. 기타 8%는 의사, 교수, 스타 셰프 등이었다. 이 결과를 보면 문화예술계통 직업이 가장 많다는 것을 확인할 수 있다. 예술계 전문가들이 생각하는 예술가로서 성공할 수 있는 요인은 위험을 감수하는 추진력, 에너지, 다양성 추구 외에도 열린 마음과 뛰어난 예술감각 등이었다. 과감한 추진력, 끊임없는 에너지, 동시 다양성 업무추진 능력들은 ADHD의 충동성, 과잉행동, 주의력결핍의 또 다른 얼굴일 수도 있다.

기존 상당수 연구에서 ADHD 성인들이 무직이거나 ILO 레벨 1~2에 해당하는 단순노무, 농수산업, 제조업 등에 종사한다고 한 것과 차이가 있다. 다만, 대상자 선정에 있어서 각 분야에서 성공을 거둔 유명인들을 대상으로 한 것이므로, 이 연구 결과를 놓고 ADHD가 문화예술계에 적합하다거나, 일반인에 비해 예체능 분야와 창의성이 뛰어나다고 단정할 수는 없다. 하지만 이 연구를 통해 기존 연구가 ADHD의 직업 능력에 대해 부정적인 측면이 많은데, 이와 반면 긍정적인 면도 존재한다는 것을 확인할 수 있다.

ADHD가 있는 이들은 기존의 틀을 벗어나 새로운 것을 창조하거나 개발해야 되는 분야에서 눈에 띄는 강점을 보인다. 넘치는 에너지와 다양한 사고를 하는 힘이 색다르고 창의적인 발견을 할 수 있게 만드는 것이다. 전형성을 뛰어넘는 새로운 영역으로의 확장 가능성은 산만한 증상으로 끝날 수도 있고, ADHD만의 특별한 능력이 될 수도 있다.

5장

이제
일상을 바꿔보자

ADHD와
대인관계

ADHD는 뇌의 병이라고 하는데 사회성과 연관이 있냐고 묻는 사람도 많다. 주의력결핍은 공부에 집중이 안 되는 것뿐 아니라, 친구의 기분이나 생각을 주의 깊게 살피지 못하는 것도 포함한다. 결과적으로 '눈치 없는 아이'가 되고 가정이나 학교에서 소외될 수 있다. 이 때문에 많은 치료기관에서 ADHD 아동을 위한 사회성기술훈련 프로그램을 진행한다. 저자가 근무하는 병원에서는 3~4명의 ADHD 아동집단을 대상으로 여름방학과 겨울방학에 사회성기술훈련 프로그램을 진행한다. 그동안 경과를 보면 방학 때 프로그램에 참여했던 아이들이 외래 진료 유지도 더 잘 되고, 생활에서도 그 효과가 유지되는 것을 알 수 있었다.

성인이 될 때까지 ADHD 진단을 받은 적이 없었다면 아주 오랫동안 자신만의 언행습관을 가지고 있을 것이고, 사회생활이 어려워질 확률이 높아진다. 그래서 필요하다면 성인도 사회성기술훈련이 필요하다.

생활 속 충동성 언행습관의 예를 들어보자. 상대방에게 발끈해서 자주 화를 낸다든가, 자기가 하고 싶은 주제에 대해서만 말을 하려고 한다든가, 부정적 말 습관 때문에 자기도 모르게 모임에서 분위기를 망칠 수 있다.

오랜만에 만났는데 굳이 상대가 원할 것 같지 않은 주제를 꺼내는 것은 상대를 배려하지 못하는 태도일 수 있다. 내가 하고 싶은 말을 하고 싶은 대로 하는 게 충동성이다. 상대방 입장에서는 굳이 이런 표현을 하는 사람과 더 말을 섞고 싶을 것 같지는 않다. 예를 들면 상대방의 체형 변화가 눈에 들어오더라도 상대에게 그 이야기를 해주는 게 상대방 입장에서 즐거운 일일지 생각하고 입 밖에 내야 한다.

이런 것은 어떻게 연습하고 개선해야 할까. 암묵적인 분위기를 이해하고, 그 상황에 맞추어 상대방을 배려하고 대화를 이어가는 것. 이를 위해 사회성 강화 프로그램을 이용하기도 하고, 대화 속에서 불편함을 느꼈다면 그 상황을 기록해보는 것도 도움이 된다.

대화법은 평소에 충분히 연습하고 이를 대비함으로써 얼마든지 보완해나갈 수 있다. 나에게 일어나는 상황들을 돌아보면서 다음 대화에 적용하는 법을 알아가는 것이다. 예상치 못한 상황에서 충동적으로 말을 뱉어버리고 관계가 망가지는 것을 막기 위해서 중요한 자리의 대화라면 미리 시간과 장소를 정해서 대비하는 것이 좋다. 대화의 방향과 문제 상황을 준비하는 것이다. 흔히들 자주 범하는, 상대방의 말에 끼어들거나 말을 끝까지 듣지 않는 점은 평소에도 유념하면서 대화를 이어나가는 훈련을 해야 한다. 대화를 하면서 상대방의 의도를 이해하지 못했다면 다시 그 질문을 확인하면서 실수를 줄여나가는 것이 좋다.

충동성과
경제적 문제

코로나 시기, 병원을 찾아오는 여성 ADHD 환자들 중에 충동구매가 심해졌다고 호소하는 경우가 늘었다. 본인들의 성향을 알기 때문에 평소에는 가급적 현장 구매를 선호했는데 코로나 사태로 백화점 가기도 불안하고 재택근무 등 집에 있는 시간이 늘다 보니 부득이 홈쇼핑이나 인터넷 주문 이용이 늘었다는 것이다.

ADHD의 충동성과 약한 예측 기능 탓으로 하루 이틀 전에 산 물건을 또 구매하기도 한다. 정해진 시간에 매장을 열고 닫는 오프라인 상권에 비해, 온라인 쇼핑은 시간이나 공간의 제약이 없다. 충동 성향이 있는 사람에게는 하루 반나절 참기도 힘든데 24시간 동안 집에 있다 보면 하루 종일 열려 있는 시장을 외면하기가 여간 어려운 게 아니다. ADHD에게 매우 취약한 환경인 것이다. ADHD 소아청소년들의 스크린 노출시간 지도감독이 필요한 것처럼 ADHD 성인도 스크린 노출시간을 관리해야 한다.

과소비 외에도 충동성 때문에 경제사기 피해자가 되거나 공범이 될 수도 있다. 워낙 정신적으로 여러 자극들에 반응하기 때문에 일상이 피곤하다. 범인들이 함정을 잘 파고 접근하기도 하지만, 피싱, 신용카드대출, 기업부동산 같은 사기 전화나 메일을 받으면 깊이 생각하지 않는 특성 때문에 쉽게 미끼를 물기도 한다. ADHD가 빚 보증 부탁을 거절하지 못하거나, 돈 빌려달라는 연락을 뿌리치지 못하는 것도 비슷한 맥락이다.

쉽게 사표를 던지는 것도 사회경제생활 측면에서는 매우 부정적 충동 행동이다. 마음에 드는 직업을 갖지 못하는 경우, 또는 직장 동료나 상사와의 갈등으로 덜컥 사표를 던지기도 한다. 능력을 인정받았거나 더 좋은 직책으로 이직하는 경우는 이익이지만, 자발적 사퇴는 다른 직장으로 옮길 때 불이익이 있을 수 있다.

사들이는 것도 문제지만 쌓아놓고 버리기를 미루는 것도 문제로 나타난다. 아까워서 못 버리기도 하지만 사소한 일이라도 골치 아픈 일은 결정을 미루기 때문이기도 하다. 혼자 사는 젊은 ADHD 환자들의 원룸 이야기를 들어보면 대개 비슷하다. 현관문 열고 들어가 침대까지 정해진 통로로만 다닌다. 발 디딜 틈 빼고는 통로 양쪽으로 온통 뭔가 빼곡하게 쌓여 있다. 시간이 더 흐르면 정신장애 중 모든 걸 모아두는 저장장애와 구분도 어려워진다. 저장장애 환자는 결코 저장한 물건을 사용하는 일이 없다. 이렇게 폐쇄된 공간에서 지내다 보면 몸도 마음도 위축되고 우울증도 흔히 나타난다. 물리적, 신체적 위축 때문에 우울해진 것인지, 우울증의 무기력, 무력감, 의욕저하 증세 때문인지, ADHD의 미루기 증상인지 구분하기도 힘들다. 양쪽 모두 결과적으로는 매우 비경제적이다.

경제개념은 홀로서기와 사회 적응에 필수적이고, 이를 위해 예측하고 준비하는 훈련이 필요하다. 경제개념이 자리 잡기 위해서는 자신의 소비활동을 기록하는 것이 좋다. 매일의 소비 패턴을 파악하고 가계부를 쓰는 것도 이런 점에서 도움이 된다. ADHD 증상의 어려움은 정리가 잘 되지 않는다는 점인데, 입지 않는 옷이나 쓰지 않는 물건, 먹지 않는 식료품 들을 주별이나 월별로 정기적으로 확인하여 정리하는 습관을 생활화하면 도움이 될 것이다.

변화로 이끄는
일상 관리법

ADHD는 한 개의 진단이지만 각 개인에게 생기는 문제나 현상은 백인백색이다. ADHD 문제는 하루 아침에 생기지 않으며 오랜 기간 반복해서 지속되며 누적된다. 하지만 환자는 그런 문제가 생기는 이유를 이해하지 못하고 공감능력 발달도 더디다. 때로는 문제라고 생각지도 않고 단지 자신이 게으르고 무책임한 인간이라고 생각하기도 한다. 오래도록 ADHD 증상을 안고 있을 때 가장 안 좋은 영향은 바로 나 자신에 대해 부정적인 자아상을 가지게 된다는 것이다.

자존감은 우리의 인지, 정서, 감정, 자신감, 동기부여 등 모든 심리적인 것에 관여한다. ADHD는 자존감이 낮은 편이다. 남이 볼 때는 별거 아닌 일도 자존감이 떨어지면 엄두가 나지 않는다. "난 못해, 또 실패할 거야." 내 문제의 원인을 내 안에서 찾지 못하면 남 탓, 환경 탓을 하게 된다. 분노와 억울함은 문제를 해결하는 데 도움이 되지 않고 고립되고 외로워진다.

삶은 끊임없는 자극의 연속이고 일상의 연장선이다. 일상을 좀 더 활기차게 마주하기 위한 생활 속의 지침이 필요하다.

ADHD 환자가 낮에 체계적으로 일처리를 못하고, 밤에 잠 못 이루는 이유 중 하나는 불 끄고 누워도 머릿속을 휘젓는 수많은 양떼가 뛰고 있기 때문이다. 밤낮없이 머릿속 들판을 뛰노는 양떼를 제자리에 보내고 잠을 청하기 위한 구체적 방법을 찾아나설 때다. 생활 속에서 스스로 실천할 수 있는 몇 가지 인지행동치료 기법을 소개한다.

인지행동치료는 자동적으로 일어나는 부정적 인지 사고를 교정하고자 하는 방법이다. 그렇다고 모든 문제를 일시에 해결해주는 마법은 아니다. ADHD 생활특성은 눈에 보이지 않는 문제다. 이것을 끄집어내고 눈에 띄게 바꾼 뒤 마음속 자존감과 우울감에 긍정적 영향을 주려는 시도로 보면 된다.

우선 일상 속에서 ADHD를 개선하기 위해 시간관리기술을 익히도록 연습해보는 것이 좋다. 그러려면 시간인식능력을 늘리는 것이 중요하다. ADHD 증상이 있으면 시간이 흐르고 있다는 것을 느끼면서도 자신이 하는 활동을 조절하는 데 어려움이 있다. 해야 하는 일을 마치는 데 필요한 시간을 잘 예측하지 못하고 중요한 일과 그렇지 않은 일, 노력이 많이 드는 일과 그렇지 않은 일에 맞게 적절하게 시간을 배분하지 못한다. 따라서 의식적으로 시간인식을 훈련하는 것이 중요하다. 이를 위해

아날로그 손목시계를 사용하는 것이 도움이 된다. 시계를 직장과 집, 눈에 잘 띄는 여러 곳에 놓아두는 것도 좋다. 일정관리를 위해 앱이나 수첩을 가까이 두어, 새로 변경된 정보를 수정하고 완료되지 않은 항목을 다시 계획하고 정리한다. 기록하고 확인하는 습관을 생활화하는 것이 필요한 것이다.

일의 우선순위를 잘 정하는 것도 중요하다. 누구나 할 일은 많고 시간은 부족하지만 ADHD가 있으면 일의 우선순위를 신중하게 선택하기보다 충동적으로 선택하기 쉽다. 할 일 목록을 만들고 달력을 보면서 언제까지 끝내야 하는 일인지 급한 정도를 파악하고, 개인의 장단기 목표에 있어 중요도에 따라 우선순위를 결정한다. 또한 일을 할 때 시간이 얼마나 걸릴지 예상해서 기록하고 업무를 마친 후 실제로 소요된 시간을 적어둔다. 해야 할 일은 항상 메모하도록 한다.

시간관리에 이어 물건정리습관을 익히는 것을 연습한다. 일정 관리와 우선순위 정하기가 시간상으로 정리하는 것이라면, 물건을 정리하는 것은 공간적으로 정리를 하는 것을 의미한다. 정리를 잘하려면 첫째, 원칙을 만들고, 둘째, 물건을 정해진 장소에 두는 습관을 들여야 한다. 중요한 물건을 둘 장소로는, 눈에 잘 띄고 접근이 쉬우며, 보기에 깔끔한 장소가 좋다. 새로운 물건이 생기면 앞으로 어디다 둘지 분류하고 물건을 사용하고 난 후 제자리에 놓는 일을, 일단 몸에 밸 수 있도록 꾸준히 생활화한다.

정해진 시간에 취침하고 기상하는 습관을 들이는 것도 필요하다. 일정한 루틴이 없으면 필요 우선주의보다 관심사 위주로 일정이 진행되고 생활이 뒤죽박죽 될 수 있다. 제시간에 취침하고 기상하는 습관이 몸에 배면 이런 문제가 줄어든다. 스스로 적절한 취침 시간을 정하고 시간이 되면 자극이 되는 것을 끄고 취침 준비를 해야 한다.

똑같은 실수를 반복하게 되면 노력이 부족해서라고 자책하기 쉬운데, 그보다는 자신이 자주 실수하는 것을 기억하고 인지하고 있는 것이 도움이 된다. 불안하거나 초조한 마음이 들 때 마음을 안정시켜주는 것을 찾아보고 이를 활용하는 것도 좋다. 촉감이 좋은 물건을 휴대하거나 향으로 마음을 다스릴 수도 있다.

ADHD 치료 과정 중에 여러 가지 도움을 받겠지만 일상에서 작은 노력을 시도해보는 것은 자신감을 높이는 데 도움이 된다.

1. 우선순위를 정하고 일정계획을 짜라

2. 매일 정해진 시간에 일정을 점검하라

3. 시간 및 스케줄 알람을 적극 활용하라

4. 아이디어나 할 일이 떠오르면 바로 메모하라

5. 빨리 처리할 수 있는 이메일 회신이나 자잘한 일들을 미루지 말아라

6. 해야 할 일은 한 번에 하나씩 처리하라

7. 물건들을 찾기 쉽게 정해진 자리에 놓아라

8. 주변을 항상 정리하고 시선을 빼앗는 것을 치워라

9. 규칙적인 운동으로 에너지를 발산시켜라

10. 수면 시간을 일정하게 유지하라

사회성 훈련 프로그램이 필요할까

　얼마 전 유튜브에서 '걸음마 배우기'라는 제목의 프로그램을 본 적이 있다. 아기들을 위한 프로그램이 아니고 어른들 대상으로 하는 '걸음마' 훈련이다. 나이가 들면서 유난히 허리가 아프다든가, 골반뼈가 아프다든가, 종아리가 굵어진다든가,

또는 조금만 걸어도 쉽게 피로해서 걷기가 힘든 사람들이 있다. 이 유튜브 방송을 보면 사람들이 참 제각으로 걷고 있음을 알게 된다. 이처럼 사람들의 보행에 어떤 문제가 있는지 진단하고, 해결하는 방법을 제시한다. 그래서 어른들에게 새롭게 걸음마를 가르친다.

성인에서 사회성 배우기 프로그램도 마찬가지다. 물론 프로그램 내용은 아이들과 성인의 경우는 차이가 있다. 아이들의 생활 공간은 가정과 학교, 종교기관 등이고, 그곳에는 아이들을 지도감독하고 문제가 있어도 이끌어주는 어른들이 있다. 성인의 사회생활은 직장이나 대학교처럼 스스로 성과를 내고 적응해야 하기 때문에, 성인 프로그램은 이러한 차이를 반영하여 구성된다. 말도 잘하고 성인인데 소통훈련이 왜 필요할까 생각하지만 결국 자신의 말투나 말하는 내용이 상대를 불쾌하게 만들거나 멀어지게 만들 수도 있음을 느끼지 못하기 때문에 개선을 위한 훈련도 필요하다. 사회성 훈련 목표는 궁극적으로 사회 적응을 위한 홀로서기와 소통 기술 습득이다.

사회성 훈련의 또 다른 목적은 주의집중력 훈련을 통한 자존감 향상과 자신감 증진이다. 학창 시절은 적절한 보상과 성취감을 통해 자신감과 정체성을 확립하는 시기이다. ADHD 특성을 어릴 때부터 적절히 조절하지 않았다면 청소년기를 거치고 성인에 이르는 동안 반복되는 실수로 인해 자존감이 낮아지고 주변 사람들에게 신용도 떨어진다. 단기간이나마 사회성 훈련을 통해 긍정적 경험을 하도록 도와주고, 훈련 프로그램이 끝난 후에도 계속 스스로 훈련할 수 있도록 한다. 이러한 사회성 훈련은 단기간에 완성되지 않는다. ADHD 치료는 ADHD의 뿌리를 뽑는 게 아니고, 끊임없이 삶의 질과 품격을 향상시켜 나가는 과정이다.

ADHD가 있는 성인이 처음부터 혼자 스스로 이런 변화를 시도하기가 쉽지 않다. 일상의 변화가 어렵다면 인지행동치료나 사회성 기술증진훈련 프로그램을 시행하는 기관의 도움을 받는 것도 방법이다. 대개 프로그램 구성은 시간관리, 조직화, 충동조절, 주의력 및 기억력 등과 같은 성인 ADHD에서 공통적으로 나타나는 주요 문제가 우선 해결 대상이다. 개인에 따라 수면장애, 알코올의존, 과소비, 대인관계 어려움, 우울 및 감정조절 같은 특정문제를 추가할 수 있다.

5~6명의 소집단으로 프로그램을 진행하는 것이 이상적이기는 하지만 집단 구성이 어려우면 개별 치료로 진행하는 경우도 가능하다. 프로그램마다 형태나 구성이 다르기 때문에 병원

에서 사용하는 집단 대상 프로그램을 중심으로 간단히 소개한다. 다음 표에서 보듯이 이 프로그램은 주로 시간관리, 조직화, 정서조절 주제를 다룬다. 진행과정에서 참여자들의 증상 특성을 감안해서 소비패턴, 수면패턴, 직장생활, 대인관계 등에 대한 주제를 추가로 포함시킬 수 있다. 주 1회 두 시간씩 10주를 진행한다. 매 회기 이전 시간에 내준 과제를 점검하고 새로운 과제를 시도한다. 과정을 마치고 참여자들의 의견에 따라 자조모임이 구성되기도 한다. 자조모임은 없더라도 3~6개월마다 부스터 회기를 갖는 것도 프로그램의 효과를 유지 연장하는 방법이다.

이 프로그램을 마친다고 해서 ADHD와 완전히 작별하는 것은 아니다. 이 프로그램 전과 후의 삶에 변화를 일으키기 위한 첫 발걸음일 뿐이다. 꾸준히 스스로 생활 속에 프로그램이 녹아들 수 있도록 단련해야 한다. 이 모든 과정이 내 삶에 스며들 때 변화는 조금씩 일어날 것이다.

◆ 집단 인지행동치료 프로그램 사례

차수	주제	진단명
1	소개 및 교육	치료 목표와 진행 방법 안내
2	시간관리 모듈	시간 인식과 계획
3	시간관리 모듈	과제를 쉽게 만들고 자신에게 보상하기
4	시간관리 모듈	우선순위 정하기와 할 일 목록 작성
5	정서 및 대인관계 모듈	정서적 방해물 극복하기
6	조직화 모듈	활성화와 동기화
7	조직화 모듈	조직화 체계 설계
8	조직화 모듈	조직화 체계 실행
9	조직화 모듈	조직화 체계 유지
10	종결회기	프로그램 평가, 부스터 회기 정하기

유튜버로 ADHD를 극복한 제시카 이야기

33세의 유튜버,
제시카 맥케이브

인물에 대한 소개

30대 여성 유튜버인 제시카는 12세 되는 해 ADHD로 진단받고 치료를 시작했으며, 오랜 기간 좌절을 겪었고 유튜브 활동을 통해 자신의 삶을 되찾았다. 이 사례는 그녀의 TED 강연 내용과 유튜브에 올라와 있는 동영상 내용 등을 토대로 작성하였다. 사이버 공간에서 활동하는 제시카를 통해 ADHD의 직업과 사회적응에 대해 알아본다.

잠재력은 어디로?

제시카는 어릴 때부터 총명해서 생후 18개월에 완전한 문장으로 말을 했고, 초등학교 3학년때 이미 표준학력검사에서 고등학교 과정에 준하는 점수를 받았다. 교사들은 모두 제시카의 무한한 잠재력을 인정하였다. 물론 힘든 점도 없지 않았다. 종종 감정에 휘말렸으며, 책 말고는 친구가 없었다. 교실에서 멍 때리기 일쑤였고, 소지품을 계속 잃어버렸다. 관심 없는 일은 아예 신경을 쓰지 않았다. 하지만 어릴 때부터 워낙 똑똑했기 때문에 이런 문제들을 크게 걱정하지 않았다.

ADHD 진단

중학교 때부터 문제가 두드러졌다. 이동수업이 많아지면서 제시간에 교실을 찾아가는 일이 어려워졌고, 숙제를 챙기는 것도 힘들었다. 똑똑한 것만으로는 부족했다. 성적이 떨어지기 시작했다. 만 12세 되는 해, 어머니는 제시카를 병원에 데려가서 다양한 검사를 받았다. 주의력결핍 및 과잉행동/충동성 증상이 함께 있는 복합형 ADHD 진단을 받았다. 의사는 체벌이나 훈육이 효과가 없었을 것이라며 약물치료를 권했다. 약물을 복용하면서 성적은 다시 최고점을 받았다. 대학에서는 미디어 전공을 희망했다.

좌절의 연속

University of Southern California(USC)의 미디어 학과가 훌륭하다는 것을 알고 있었고, 커뮤니티칼리지community college에 진학해서 필요한 학점을 따고 USC로 옮기기로 하였다. 대학생활의 시작은 재미있었다. 문제는 단순한 실수에서 시작되었다. 통계학 과목을 열심히 들었는데 수강신청에 서명을 하지 않아서 수강이 무효가 되었다. 단지 서명 하나 빼먹었을 뿐인데 큰 문제를 불러왔다.

이후 10년은 비슷한 실패의 반복이었다. 그렇다고 해서 남들보다 게을리 살았던 것은 아니다. 누구보다 더 많이 시도했고, 노력했다. 하지만 누구보다 더 많이 실패했다. 10년간 15개의 직업에서 실패를 경험했다. 30대 초반 결혼을 했는데 1년도 안 돼서 이혼했다. 제시카는 어릴 때 그녀에게 엄청난 잠재력이 있다고 했던 이들이 모두 자기를 잘못 판단한 것이라는 생각이 들었다. 그녀는 누구보다 열심히 살았는데 남보다 훨씬 뒤처져 있었다. 32세, 스스로에 대해 진지하게 생각했다.

뭐가 문제인가? 그냥 ADHD만으로는 설명이 안 되었다. ADHD에 대해 공부하기 시작했다. 관련 서적, 논문, 팟캐스트, 유튜브 강의 등 관련된 내용은 닥치는 대로 찾아보면서 'ADHD의 뇌'에 대해 많은 걸 알게 되었다. 제시카는 자신이 ADHD를 앓고 있음을 잘 알고 있었지만, ADHD 뇌에 대해서는 제대로 알지 못했었다. 약물치료는 물론 도움이 되었지만 ADHD 뇌를 모두 조절하지는 못했다. 그녀의 잠재력은 그대로 있었지만 ADHD 뇌가 잠재력을 덮어버리고 있었다.

유튜버 활동으로 ADHD 뇌 극복하기

33세, 유튜브를 시작했다. 유튜브를 어떻게 하는 것인지도 모르고 무작정 시작했다. 그렇게 벌려놓고 보니 도와주는 이들이 생겼다. 그 중에는 나중에 약혼자가 된 에드워드도 있었는데 그 역시 ADHD였다. 유튜브를 하면서 전 세계의 많은 ADHD와도 연결되었다. 자신이 혼자가 아니라는 사실은 제시카에게 큰 힘이 되었다. 얼떨결에 시작한 유튜브는 그녀의 새로운 직업이 되었고, 그간 사라진 것처럼 보였던 그녀의 잠재력을 발휘할 수 있는 새로운 무대가 되었다.

현재 제시카는 www.howtoadhd.com이라는 누리집을 운영하고 있고, 함께 운영하는 유튜브, 인스타그램, 트위터는 수많은 팔로워가 있다. 제시카의 유튜브 동영상 중에는 세계 각국의 다양한 환자들과의 면담 영상이 있다. 제시카의 경우 청소년기 때 진단을 받았으나, 동영상 중에는 특히 중년기에 처음 진단받은 환자들과 가족들이 ADHD를 어떻게 극복하고 적응해왔는지 생생하게 들려주고 있다. 자신이 ADHD 진단을 받았고 현재 ADHD

코칭활동을 하고 있는 실무자들, ADHD 관련 연구를 진행하고 있는 학자들과의 인터뷰를 통해 실제적 도움을 줄 수 있는 내용이 담긴 동영상들도 있다.

자신의 ADHD 약점을 극복한 제시카의 경험은 엄청난 자산을 한자리에 모으고, 수많은 ADHD 환자들에게 도움을 주는 일을 하는 데 중요한 연결 고리 역할을 하고 있다.

4부

ADHD,
새로운 희망은 시작된다

1장
ADHD의
두 얼굴

의대생
에르네스토

1928년 아르헨티나의 부유한 가정에서 5남매의 장남으로 태어난 에르네스토는 고등학교까지 성적은 중간 정도였으나 항상 시를 사랑했으며 독서광이었다. 어릴 때 그의 집에는 3,000여 권의 책이 있었고 그중 많은 책을 읽으면서 그의 삶에 흡수했다. 성인이 돼서 험한 오지에서 생활할 때도 항상 책을 손에 들고 있었다.

고등학교 졸업 당시 자신을 아껴주던 할머니가 심장마비로 세상을 떠나면서 에르네스토는 의사가 되기로 결심하고 1948년 부에노스아이레스 대학교 의학부에 입학하였고, 1953년 6월 의과대학을 졸업하고 의사가 된다.

에르네스토는 꼼꼼하게 기록을 잘하는 편이었다. 도시생활을 접고 정글에서 생활할 때, 계속 이동하고 전기도 없이 생활하면서도 하루도 빠짐없이 '볼리비아 일기'를 적었다. 매월 말일은 월별 평가로 한 달간 있었던 자세한 내용과 물자 및 인원 점검 내용을 기록했다. 에르네스토의 볼리비아 일기는 1966년 11월 7일부터 1967년 10월 7일까지의 기록이다. 그는 정부군과 전투 중 10월 8일 체포되었고, 10월 9일 총살되었다.

혁명군
체 게바라의 삶

이번에는 많은 사람이 알고 있는 '체 게바라'라는 인물의 삶을 설명해보자.

그는 아주 어렸을 때부터 천식 때문에 조금만 걸어도 숨이

차고 힘들어했지만 항상 운동하기를 좋아했다. '장난기 심하고 겁이 없는 아이'였다. 청소년기에는 '쉽게 뚜껑이 열리는 놈, 돼지처럼 지저분한 놈, 사고뭉치'였다. 의과대학 시절에는 '도 대체 종잡을 수 없는 활달하고 무분별하고 사회성 좋은 놈'이 었다.

1950년 의과대학 재학 중 방학을 이용해 자전거에 모터를 달고 혼자 아르헨티나 북부, 4,500킬로미터를 여행한다. 1951년 말부터 1952년 8월까지 학교를 휴학하고 학교선배와 함께 오토바이 한 대로 아르헨티나, 칠레, 에콰도르, 콜롬비아, 베네수엘라, 파나마, 미국 마이애미를 거쳐 아르헨티나로 돌아오는 여행을 하였다. 1953년 중순 의과대학을 졸업한 뒤 두 달간 볼리비아로 무전여행을 떠난다.

그는 여러 차례 남미를 여행하면서 남미 국가들이 미국이나 유럽에 의해 지배당하고 착취당하는 것을 목격하고, 의사로서 '가난하고 힘든 사람을 돕고 싶다'는 마음보다는 그들을 제대로 돕는 방법은 무장투쟁이라는 결심을 하게 된다. 마르크스의 공산주의 이론에 심취하게 되었고, 그 과정에서 피델 카스트로를 만나 쿠바혁명에 참여한다.

당시 쿠바는 미국의 지지를 받는 독재자, 바티스타의 지배를 받고 있었다. 체 게바라는 카스트로와 함께 바티스타를 몰아내고 쿠바 재건에 기여한다. 그 과정에서 체 게바라는 많은 반대파와 정적들을 무자비하게 숙청했다. 쿠바중앙은행 총재, 산업부 장관 등으로 활동하였으나, 사무실에 있기보다는 다시 현장으로 달려간다. 아프리카 콩고 내전에 참여했고, 볼리비아 내전에서 게릴라 활동을 하다 생포되어 만 39세 4개월에 사망했다. 어린 시절부터 천식을 앓고 있었지만 성인이 된 뒤에도 시가를 피웠고, 정글에서 게릴라 활동을 할 때도 흡연은 계속했다.

우리는
무엇에 열광하는가

놀랍게도 '에르네스토'와 '체 게바라'는 같은 인물이다. 에르네스토는 그의 본명이며, 게바라는 그의 성이다. 무장봉기에 참여한 뒤 스페인어 발음에 '에' 소리가 많이 들어가기 때문에 우리가 알고 있는 '체 게바라'로 불리게 되었다. 에르네스토와 체 게바라를 조합하여 정리하면 다음과 같다.

"어린 시절 장난기 많고 겁이 없고 사고뭉치 학생이었고, 고등학교 때 갑자기 의과대학 진학을 결심하고, 부모 반대에도 불구하고 대학 시절 여러 차례 위험한 여행을 하였고, 성인기에는 천식이 심한데도 시가를 달고 살았으며, 은행총재나 장관으로 살 수 있었음에도 전쟁터로 뛰어들어 게릴라 활동을 하다 사살되었다."

체 게바라를 소개하는 이유는 서로 대비되는 에르네스토와 체 게바라가 동일인물인 것처럼, 성인 ADHD 환자의 경우, 겹겹의 양파보다 더 많은 다양한 얼굴을 하고 있음을 전하기 위해서다. 그가 ADHD로 진단받은 적은 없지만, 그의 삶 속에서 ADHD 증상 같은 삽화들이 오늘날 많은 이들이 그를 추앙하는 강점이었음을 알 수 있을 것이다.

그가 여러 차례 남미 각국을 혼자 오토바이로 여행한 것은 세상에 대해 알고 싶다는 과도한 호기심이지만, 빡빡한 과정을 밟아야 하는 의과대학생이었던 점을 고려하면 '심한 주의산만'으로 볼 수도 있다. 학교를 휴학하면서까지 여행을 떠나는 충동성은 한편으로는 과감한 '추진력이자 순발력'이다. 쿠바 침공 후 중앙은행 총재나 산업부 장관직을 수행하였으나 책상 앞에 앉은 자신은 어울리지 않는다며 게릴라전을 위해 정글생활을 택하는 활동성과 과잉행동에서 그의 넘치는 에너지를 읽을 수 있다.

어릴 때부터 수천 권의 책을 읽었고, 시는 물론 경제, 사회, 정치, 광업 등 다양하고 광범위한 관심 분야는 그가 주의력결핍이 있었을까 하는 의심이 들 정도다. 하지만 폭넓은 그의 관심 분야는 과몰입 내지 과도하게 에너지를 사용하는 ADHD 특성 중의 하나로 해석할 수 있다. 정글에서 게릴라전을 벌이면서도 매일 일기를 꼼꼼하게 정리하는 것도 ADHD와 어울리지 않아 보인다고 하지만, ADHD가 있으면 모든 일상이 증상의 연속일 것이라는 환상을 깨는 행동이다. 많은 사람들이 '체 게바라'라는 이름을 알고 있지만, 그의 본명이 '에르네스토 게바라'이며 아르헨티나 사람이고 의사임은 잘 모를 것이다. 많은 사람들이 ADHD를 알고 있다고 생각하지만 사실 ADHD를 별로 알지 못하듯 말이다.

체 게바라를 제대로 알지 못하지만 많은 사람들이 '체 게바라'라고 하면 긍정적 이미지를 떠올린다. 'ADHD'를 제대로 알지 못하면서도, 많은 사람이 'ADHD'라고 하면 부정적 이미지를 떠올린다. 우리가 ADHD를 제대로 알고 있지 않기 때문이다. 우리 주변의 많은 사람들과 가족들이 ADHD보다는 이러한 시선 때문에 더 아프다. ADHD에 대한 양면성을 이해할 때 우리는 한 걸음 더 희망의 이야기들을 나눌 수 있을 것이다.

2장

약점을 강점으로
바꾸는 주문

인생궤적 연구,
희망을 보다

    ADHD의 논의 대상 중 하나는 평생 경과를 예측하기 어렵다는 점이다. ADHD는 만성경과를 갖는 병이므로 한 시점의 특성으로 진단하기보다는 오랜 기간 관찰한 자료를 토대로 진단을 내리게 된다. 특히 아이들이 발달 과정에 있는 초등학교와 중·고등학교 시절은 변화가 크다. 그 변화를 이해하는 객관적인 자료 중 하나가 학교생활기록부다. 성인기 이전의 객관적 자료로 생활기록부가 유용했듯이, 성인 환자들을 진료하다 보면 그들의 행동 문제를 객관적으로 판단할 수 있는 자료가 필요하다. 학생들의 담임교사 소견처럼 직장동료나 상사의 의견이 진단에 도움이 되겠지만 현실에서는 요청할 수 없는 경우가 대부분이다.

진료실에서 수정구슬을 통해 미래를 볼 수는 없다. 의학은 과학이다. 근거를 가지고 미래를 유추할 방법을 찾아보게 되었고, 그 중 인생궤적 연구는 ADHD 연구에 큰 도움을 주었다.

인생궤적 연구는 ADHD 가능성이 있는 인물들의 자서전을 통해 분석해보는 것이다. 자서전은 학교생활기록부보다 더 긴 세월, 심지어 평생을 담고 있으므로 한 사람의 인생 굴곡뿐만 아니라 당대의 사회문화를 이해하는 데도 도움이 된다. 개인의 정신병리를 현미경으로 원인균 찾아내듯이 증명할 수는 없지만, 평생 지속되는 ADHD의 특성상 한 인물의 자서전 기록을 통해 ADHD 진단에 부합되는지 판단할 수 있는 것이 인생궤적 연구의 최대 장점이다. 인생궤적 연구의 두 번째 장점은 ADHD 특성이 평생 계속되는데도 불구하고 자서전을 남길 수 있을 만한 업적을 남길 수 있었던 단서를 찾아낼 수 있다는 점이다. 이런 과정을 통해 지금 눈앞의 성인 ADHD 환자의 약점을 강점으로 바꿀 수 있는 단서를 추적한다.

단, 인생궤적 연구에는 맹점이 있다. 자서전은 의료인이 작성한 기록이 아니라는 점이다. 본인, 친인척, 친지, 주변인물, 또는 후대의 자서전 작가 등이 기술한 것으로, 의료기록이 아니기 때문에 표현이나 용어가 정확하지 않다. 예를 들어, '아무개는 항상 우울했다'고 할 때 정신과 의사가 말하는 우울증인지 단순히 기분이 울적하다는 것인지 확인이 어렵다. '무력감, 무가치함, 자살사고나 충동 정도, 우울감의 전염성, 생활에 미치는 영향력의 정도' 등이 정신병리라고 할 만한 수준인지 판단이 서지 않는다.

또 다른 약점은 ADHD 진단에 필수인 어린 시절의 기록이다. 자서전은 대개 성인이 된 후의 업적에 초점을 맞추기 때문이다. 본인보다는 부모나 양육자들의 기록이 필요한데 자서전을 남길 정도의 업적을 남길 무렵에는 대개 현존하지 않거나 살아 있어도 기억이 가물가물하다.

약점에서
강점으로 전환하기

어니스트 헤밍웨이가 "미국 현대 문학은 마크 트웨인의 『허클베리 핀의 모험』으로부터 비롯되었다"고 표현한 것처럼 마크 트웨인이 문학계에 미친 영향은 지대하다. 또, 윌리엄 포크너가 '미국 문학의 아버지'라고까지 일컬었던 마크 트웨인은 뛰어난 발명가이자 과학자였다. 그의 발명품은 실생활에서 꼭 필요한 물건들이었다. 첫 발명품은 브래지어의 후크였는데, 당시에는 여성들이 코르셋을 입었기 때문에 사업적으로는 성공하지 못했다. 두 번째 발명품으로 접착력이 있는 스크랩북을 개발해 큰 수익을 올렸다. 또한 그의 과학탐구 정신은 소설 작품에도 반영되었다. 오늘날 법의학에서 당연하게 생각하는 증거의 하나인 지문에 대한 개념이 등장하고, 타임머신으로 시간 여행을 하기도 한다. 실제 그는 전기공학자인 니콜라 테슬라와 절친한 사이였고, 발명왕 에디슨과도 교류할 정도로 과학에 조예가 깊었다. 그 밖에도 정치, 종교, 사회 분야에 대해서도 강한 자기주장을 함으로써 많은 충돌을 일으키기도 했다. 경제적으로도 부침이 있었다. 소설 작품으로 많은 돈을 벌기도 했으나 주식 투자 실패로 오늘날 수십 억에 달하는 손해를 보기도 했고, 운영하던 출판사에서도 큰 손해를 보았다.

ADHD 개념이 생기기도 전에 살았던 인물이라 이 진단에 부합하는지 확신할 수는 없지만, 위와 같이 그의 삶의 궤적을 추적해보면 ADHD와 유사한 특징을 많이 발견할 수 있다. ADHD 특성에도 불구하고 그가 후대에 희망과 행복을 주는 엄청난 작품과 업적을 남길 수 있었던 비결은 무엇인가? 우리나라 교육 개념으로 보면 그는 이과생이면서 문과생 기질을 모두 가진 사람이다. 하지만 이러한 이분법적 시각 대신 중립적 입장에서 보면 그의 다양한 분야에 대한 관심과 활약은 그의 산만한 삶 자체가 창의적이라는 증거가 된다. 산만한 시각으로 세상을 보면 이 분야의 약점이 다른 쪽에서는 강점일 수 있음을 발견하게 된다. 이처럼 ADHD 특성은 긍정적 성과로 연결될 수 있다. 다른 관련 인물들도 인생궤적 분석을 통해 다양한 시각으로 따라가다 보면 ADHD라는 장애 특성들이 장점으로 탈바꿈할 수 있는 실마리를 찾아낼 수 있을 것이다.

ADHD의 대표 증상 중 어릴 때부터 잠이 없어 다른 사람들을 괴롭히던 과잉행동은 남보다 잠재된 에너지가 많아서 강력한 추진력과 지구력이 될 수 있으며, 여차하면 발끈하던 충동성은 순발력과 민첩함으로 변할 수 있다. 주의산만은 다양한 관심사와 창조적 아이디어로 이어질 수 있다.

주의력결핍은 주의산만과 특정 주제에 대한 과몰입, 과도한 호기심 등과 유사한 개념이다. 주의산만은 다양한 연상이나 백일몽, 다중과제 등과 관련이 있으며, 이로 인해 사고의 틀과 범위가 넓어질 수 있다. 긍정적으로 생각하면 창의력이나 기존 틀을 넘어서는 혁신적 사고의 달성으로 이어질 수도 있다. 인생궤적 연구에서 찾아낸 인물들의 직업이 예술적 창의력을 요하는 음악가, 화가나 조각가, 영화배우나 영화감독 등이라는 점은 놀라운 일이 아니다.

역으로 생각하면 과도한 호기심은 오히려 주의력결핍의 원인이 될 수 있다. 호기심을 자제할 수 있으면 좋지만 즉각적으로 충족시키려고 하면 문제가 된다. 그렇다면 어느 선에서 자제시킬 것인가? 어느 정도가 상식이고 어느 정도가 비상식인가? 과도한 호기심을 생산적으로 활용할 수 있는 재능이나 능력 여부가 관건일 것이다.

호기심과
추진력의 발판

100세가 넘어도 건강하게 살고 있는 분들을 '백세인Centenarian' 이라고 부르며, 이런 사람들이 유난히 많이 살고 있는 지역을 '청춘지대Blue Zones'라고 한다. 대표적인 곳으로 이탈리아의 사르디나, 그리스의 이카리아, 일본의 오키나와, 코스타리카의 호한차, 미국 캘리포니아주의 로마 린다를 꼽는다. 이들의 공통점 중 하나는 사람들과 어울리기를 좋아하며 항상 새로운 일에 관심을 갖고 배우고, 재밌는 일을 찾는다는 것이다. 즉, 호기심과 활동성이다.

백세인 주제를 다룰 때 빠지지 않는 사람이 110세의 나이에 돌아가신 로베르 마샹(1911~2021)이다. 퇴직 후 67세부터 아마추어 사이클 선수 생활을 시작하였고, 100세 이상 분야에서 세계기록 보유자다. 101세 때 운동생리학자들과의 연구에서 이 나이에도 훈련을 통해 폐활량, 근육량 등이 늘어날 수 있음을 증명하였다. 로베르 마샹의 특징 역시 새로운 기록에 도전하고 즐거운 일을 찾는 것이다. 예외적 사례들이지만, 비상식적일 만큼 과도한 호기심은 건강과 삶의 활력을 줄 수 있다는 것을 보여준다.

충동성이란 어찌 보면 호기심이나 소망을 행동으로 옮기면서 일어나는 현상일 수 있다. 다르게 표현하자면 '뭔가를 하고 싶을 때 충분히 앞뒤 판단 없이 실행에 옮김'이다. 이때 '충분히 앞뒤 판단을 했느냐 못했느냐'는 중요하다. 실행에 옮긴 결과 손해를 보거나 주변 인물들에게 피해를 끼치거나 몸을 다치거나 한다면 충분히 전후 판단을 예측하지 못한 것일 수 있다. 사람이 살면서 '예측'하는 기능은 대단히 중요하다. 예상이나 예측은 시행착오를 줄이고 미래를 대비하는 사회성 기술 중 하나이기 때문이다. 그러나 소위 '위험요인'을 감안하는 일도 중요하지만, 직관적으로 옳다고 예측된다면 행동에 옮겨야 할 때도 있다. 안전하지 않은 길을 택하는 선구자의 행로처럼 말이다. 인생궤적 연구에 대통령이나 위대한 정치인들이 다수 포함된 이유일 수 있다.

ADHD 성인들이 '결정을 어려워한다'는 말도 있다. 어릴 때부터 깊이 생각하지 않고 일을 저질러서 실패한 경험이 많은 탓에 선택하기를 두려워하는 것일 수도 있고, 뭔가를 결정하기에는 머릿속에 수많은 변수들이 정리가 안 되어서일 수도 있다. 이들 정치인들이 위대한 인물이 된 이유는 결정의 어려움을 넘어서는 예측과 판단에 따른 충동성을 발휘했기 때문일 것이다.

이 분석에서 얻을 수 있는 교훈은 ADHD 같은 문제들을 도전해서 넘어선 사례들이 있음을 확인한 것이다. 한 걸음 더 나아가 이들의 실패 요인과 성공 요인을 찾아내고, 성인 ADHD 치료에 어떻게 접목할 것인가가 치료자와 환자가 함께 풀어야 할 과제다.

인생궤적 연구 대상 인물들의 삶에서 실패 또는 성공 요인에 대한 분석은 삶에 영향을 미치는 많은 상황 변인들을 분석해야 하기에 쉽지 않다. 현 단계에서 알 수 있는 내적 요인으로 내적동기와 자기조절 능력은 필수 요소다. 외적 요인은 어린 시절에는 좋은 친구, 훌륭한 선생님, 일관성 있고 자녀를 믿어준 부모 또는 대리인 등이고, 성인이 된 후에는 배우자, 자녀, 직장관계자 등일 수 있다.

정답은 없지만 인생궤적 연구를 통해 삶을 살아가면서 다양하게 작용하는 자극과 변수 속에서 우리가 어떤 점을 취해야 하는지 힌트를 얻을 수 있다.

3장
ADHD를
극복하는 힘

어떤 힘이
작용하였는가

    인생궤적 연구를 통해 ADHD 진단을 받은 적은 없지만, ADHD 특성과 유사한 약점을 강점으로 멋지게 전환시킨 인물들을 통해 인생을 개척할 수 있었던 원동력을 전하고 싶다. 먼저 과잉행동과 산만함을 창조적 추진력으로 승화시킨 월트 디즈니, 충동성을 추진력과 순발력으로 전환하여 그 힘으로 IKEA를 창립한 잉그바르 캄프라드 회장, 역시 과잉행동과 충동성이 창의적인 추진력으로 작용한 최초의 민간인 우주여행자, 리처드 브랜슨 회장이 좋은 예가 될 것이다. 엄청난 성공을 이룬 이들의 업적은 부각되어 있지만 그들에게 드리워진 약점은 잘 알려지지 않았다. 어떤 힘이 이들을 바꿔놓았는지 장기적인 관점으로 전 생애를 들여다보도록 하자.

⌐엉뚱하고 멍청한 학생,
   월트 디즈니

월트 디즈니는 1901년 가난한 시카고의 한 가정에서 4남 1녀 중 넷째 아들로 태어났다. 증조부는 영국에서 캐나다로 온 이민자이며 이후 미국으로 이주했다. 잠시도 가만 있지 못하는 성격이었고, 유전사업, 소금사업, 농장, 금광 찾기 등 여러가지 사업에 손을 댔으나 거의 다 실패로 끝났다. 디즈니의 아버지는 검소하고 성실했으나 예측불허의 폭력성과 불같은 성격의 소유자였다.

어릴 때부터 호기심 많고 장난꾸러기였던 그는 4세 되던 해 미조리 주의 농장으로 이사를 가게 되면서 더욱 즐거운 어린 시절을 보낸다. 경제적으로 어려웠던 가정 형편 때문에 여동생과 같은 해에 초등학교에 입학하였다. 하지만 학업에는 관심이 없었고 사람들 웃기기를 즐겼다. 수업 시간에 가만히 있기도 하였는데, 그럴 때는 대개 만화를 그리고 있었다. 쥐를 끈에 묶어 교실에 데리고 오거나, 피터팬 연극 공연 때 실제로 높은 데서 뛰어내리는 등 엉뚱한 행동으로 사람들을 놀라게 했다. 교사들은 디즈니가 반에서 두 번째로 멍청한 아이라고 평가했다.

집이 가난해서 어릴 때부터 일을 했는데 그럴 때는 매우 성실했다. 예를 들어 6년간 신문배달을 했는데 겨울에 얼음판에서 미끄러져 다리가 부러졌을 때처럼 특별한 경우를 빼고는 하루도 빼먹은 일이 없었다. 고등학교를 중퇴하고 제1차 세계대전 때 군대에 가기 위해 17세인 나이를 올려서 프랑스군 적십자 앰뷸런스 운전병으로 입대하였다. 성실하게 부상병을 나르는 일보다는 상관없는 사람들을 태워주거나 심부름을 해주거나, 운전을 하지 않을 때는 그림을 그렸다. 청소년기부터 담배를 피우기 시작했고 군대에서 술을 배웠다.

18세 되는 해 사업을 시작했으나 여러 차례 실패를 거듭하였고, 이후 만화제작법을 배워서 셋째형과 함께 '디즈니 브라더스 스튜디오'를 차리면서 점차 성공가도를 달린다. 1928년

'미키 마우스와 증기선'을 선보였고, 1936년 '백설공주와 일곱 난쟁이'로 큰 성공을 거둔다. 같은 것을 반복하기 싫어하는 성격 탓인지 그는 항상 새로운 것을 시도하였고, 실패도 있었지만 많은 성공을 거두었다. 그가 실현시킨 꿈 같은 일 중의 하나가 바로 디즈니랜드다. 어릴 때부터 호기심이 많았고, 생각나는 것은 실천에 옮겨야 했으며, 새로운 것은 결과를 따지지 않고 도전하는 '디즈니 정신'은 그가 사망한 후에도 계속되었고, 많은 사람들에게 행복과 웃음을 선사하고 있다.

흥미로운 점은 그를 성공의 길로 이끌었던 미키 마우스에 대한 관심이 약해질 무렵 만들어낸 '도널드 덕'이라는 캐릭터다. 도널드는 'a Jack of all trades'의 대표 캐릭터이기도 하다. 이 표현은 팔방미인, 만물박사, 박학다식 등의 뜻이 있지만, 끝까지 마무리를 잘 해내는 것은 없다는 뜻을 내포한다. 기질적으로도 다혈질이며 과격하고 공격적이지만, 실제 누구를 해치거나 나쁜 짓은 하지 않는다. 도널드가 탄생하던 때는 ADHD 개념 자체가 없었던 시절이지만, 지금 생각해보면 ADHD의 과잉행동/충동성 유형과 유사하다. 남의 말을 듣지 않는 독불장군이며 다른 사람이 생각해내지 못하는 기발한 아이디어를 물불 안 가리고 밀어붙이는 디즈니의 성향을 패러디한 것은 아닐까 하는 생각이 들 정도로 둘은 닮았다.

몽상가 혹은 창의적 아동,
IKEA 창업주, 잉그바르 캄프라드

인생궤적 연구 대상 중 한 명으로 전 세계인들이 좋아하는 21세기 조립가구의 대명사, IKEA의 창업주 잉그바르 캄프라드가 있다. 캄프라드는 스웨덴의 시골 농장에서 태어났다. 글 읽기는 싫어했으나 장사에 뛰어난 소질이 있었다. 5세 때 성냥을 팔아서 돈을 모았는데, 도시에서 성냥을 도매로 사와서 마을 사람들에게 낱개로 팔아 큰 수익을 냈다. 크리스마스 트리 장식품, 연필, 생선 등 품목을 늘렸으며, 7세 때는 자전거로 물건을 배달하기 시작했다. 학교 수업 시간에는 아마도 자기 사업 구상 때문에 '딴생각하는 아이'였을 것이다.

학교에서는 난독증으로 공부를 어려워했고, 난독 증세는 커서도 계속되었다. 물론 학교 성적도 좋지 않았고 대학 진학은 하지 않았으며, 직업학교에 다니던 17세에 외삼촌 가게 부엌을 본부로 해서 다양한 상품의 통신판매를 주로 하는 IKEA

를 창립하였다. IKEA라는 이름은 자신의 이름과 성 Ingvar Kamprad, 그가 태어난 외가의 가족 농장 이름 Elmtaryd, 고향인 Agunnaryd에서 각각 첫 글자를 따서 지었다. 아마도 그의 난독증 때문에 자기가 알기 쉬운 단어들을 조합하여 회사명을 지은 것으로 보인다.

21세에 군에 입대해서도 상관의 허락을 받고 통신판매는 계속하였다. 이 무렵부터 조립가구에 관심을 가진다. 그의 기발한 사업 전략들 때문에 사업은 번창한다. 가구 매장이지만 부모가 마음 놓고 구경할 수 있도록 어린이 놀이터를 설치하고, 스웨덴 작가들의 동화책을 배열하였으며, 배가 고프면 가구에 대한 관심이 떨어질 것이라면서 가구 매장에 레스토랑을 열고 음식 메뉴에 사람 이름을 붙였다. 또한 가구마다 재미있는 이름을 붙였다. 예를 들면 커튼이나 장식용 천은 여자아이 이름, 의자나 책상에는 남자아이 이름 등이다. 이러한 전략 역시 난독증인 그의 아이디어에서 나온 것으로 보인다. 일반적인 상품 코드나 상품관련 명칭을 붙이면 자기가 읽고 기억하는 데 어려움이 있을 것이므로 알기 쉽게 사람 이름을 붙이는 아이디어는 약점을 강점으로 전환시킨 창의적 사업 전략이다.

그는 평생 분, 초를 아껴가며 부지런히 살았고, 삶의 모토인 단순과 절약을 그의 가구 제작에 적용하였다. 2015년 집계에 따르면 잉그바르는 전 세계 부자 순위 8위에 올랐으며, 재산은 약 60조원을 상회하였다. 어린 시절 학교에서는 수업보다는 사업 생각에 항상 멍 때리고 있는 아이로 보였을 것이나, 그는 단순 '몽상가'가 아니라 진정한 창의적 아동이었던 것이다.

게으른 사고뭉치에서 창조경영의 아이콘으로, 리처드 브랜슨

2021년 7월 11일, 71세의 리처드 브랜슨은 민간인 최초로 우주여행을 하고 지구로 돌아왔다. 우주선에서 그는 이렇게 말했다.

"어릴 때 나는 별을 우러러보는 꿈 많은 소년이었다. 이제 나는 우주선에서 우리의 아름다운 지구를 내려다보고 있는 어른이 되었다."

브랜슨은 어릴 때 입학한 기숙학교에서 글을 읽고 쓰기 어려웠기 때문에 공부가 뒤처져서 자주 벌을 받았다. 교사들은 그를 게으르고 산만한 아이로 여겼다. 상급학교에서는 교칙을 위반하고 교장선생님 딸과 연애를 하는 등 문제학생이었다. 고등학교를 중퇴하고, '버진 메일오더 레코드'를 설립하여 사업에 뛰어든다. 가족여행으로 간 섬이 너무 마음에 들어 사버린다든가, 돌아오는 항공편이 취소되면서 불편을 겪은 뒤 항공사를 설립하는 등 매우 즉흥적이고 충동적으로 사업을 벌인다. 흥미로운 점은 그렇게 시작한 사업들이 실패도 있었지만, 대개 성공했다는 것이다. 2004년 민간인의 우주여행을 위한 '버진 갤럭틱'을 설립하였고, 2009년 세계 최초로 민간인 우주여행을 실현하기 위한 스페이스쉽을 공개한다. 브랜슨은 우주여행 사업의 경쟁자인 아마존 창업자 제프 베이조스, 테슬라 창업자 일론 머스크를 제치고 가장 먼저 직접 우주여행을 체험하였다. 이후 브랜든의 버진 갤럭틱에서는 민간인 우주여행 탑승권을 한 좌석당 5억원이 넘는 금액으로 판매하고 있다. 2021년 말 시점으로 600명이 넘는 사람이 탑승권을 예약하였다고 한다.

글을 읽지 못하고 학업을 따라가지 못해서 매일 벌을 받던 멍 때림 아이가 '별에 가는 꿈'을 말할 때 '창의력이 좋은 아이로구나'라고 생각할 수 있는 사람이 몇이나 될까?

잉그바르 캄프라드와 리처드 브랜슨의 공통점 중에는 둘 다 어릴 때부터 난독증이 있었다는 점이다. 이들 둘과 월트 디즈니까지 세 사람 모두 정규 대학 교육을 받지 않았다. 일찍부터 자기가 좋아하는 일에 몰두했고 그 분야에서 성공을 거둔 것이다. 디즈니는 만화영화로 성공한 뒤 온 가족이 같이 즐길 수 있는 놀이공원을 만들겠다는 만화 같은 생각을 했다. 모두가 반대했지만 현실이 되었다. 캄프라드는 자신의 난독증 같은 약점을 '단순화' 전략으로 승화시켰고 오히려 성공적인 사업 전략이 되었다. 황당하고 충동적으로 시작한 것처럼 보이는 일반인의 우주여행 계획은 브랜슨의 우주여행으로 현실이 되었다.

4장

직장인 E씨를 통해 본
성인 ADHD의 변화

성인 ADHD의
경계에서

인생궤적 연구의 인물을 살펴보면서 현실적 삶에 닿아 있는 사람의 이야기를 해보려고 한다. 우리 주변의 누군가를 떠올리며 인생궤적을 따라가보자.

성인 ADHD는 언뜻 보면 정상적인 생활을 영위해나가기에 문제를 짚어내는 것이 매우 어려운 일일 수 있다. 명문대 졸업, 안정된 직업, 무난한 연애 과정, 축복받는 결혼, 그러나 실제 결혼을 해보니 배우자 입장에서는 납득하기 어려운, 그리고 해결책을 찾기 어려운 문제들에 부딪히게 된 중년 전문직 남성의 일상에서 이를 확인해볼 수 있다.

우선 처음 병원에 내원했을 때의 상황은 결혼 후 잦은 부부싸움이 원인이었다. 싸움의 발단은 대개 E씨의 성격과 생활태도였다. 연애 시절, 아내는 E씨가 세상사에 초연하고 농담도 잘하고 예상치 못한 행동으로 주변 사람들을 즐겁게 해주는 등 매우 사교적이라고 생각하였다. 하지만 결혼 후 시댁 관련 일을 아내에게 일임하거나, 또는 아내나 처가댁 문제에 대해 거의 관심이 없고, 단지 자기 관심사에만 열중하는 남편에게 지치기 시작했다. 더욱 힘든 점은 딸이 태어난 후, 양육에 관심을 보이지 않은 것이다. 오히려 딸이 어리기 때문에 생기는 일들, 예를 들어 함께 자는 침대에서 소변을 실수한다든가, 식탁에서 음식을 흘린다든가, 아빠 옷에 물감이 튀긴다든가 하는 실수에 대해 매우 예민하게 반응하고 격하게 화를 냈다.

E씨는 자신의 연구가 제대로 진행되지 못한다든가 다른 교수들과 경쟁에서 밀리는 것도 식구들 탓으로 돌렸다. 딸이 초등학교 입학 후에 숙제를 미룬다든가, 어쩌다 친구들과 놀다가 학원에 늦게 가면 "그렇게 하다가 커서 뭐가 되려고 그러냐?",

"그렇게 밥 많이 먹으면 돼지가 된다" 하면서 상대를 기분 나쁘게 하는 말을 아무렇지도 않게 내뱉곤 했다. 아내에 대해서도 "몸이 안 되는데 옷만 사면 뭐하나?" 등 상대에 대한 배려가 부족한 말을 쉽게 했다. 그런데 자신이 하는 이러한 발언들이 상대에게 어떤 느낌을 줄지 제대로 알지 못하는 듯했다. 반대로 아내나 친척들이 자기 문제에 대해 언급하면 버럭 화를 냈다.

본격 성인 ADHD 진단과 치료

아내는 E씨와의 결혼생활이 단지 성격 탓이라기보다는 뭔가 다른 문제가 있는 것은 아닌가 생각하고 주변의 자문을 받았다. 정신과 전문의인 사촌오빠는 E씨가 공감능력이 떨어지며 '조용한 ADHD'일 수도 있다고 자문했고 다른 정신과 전문의를 연결해주었다. E씨는 이런저런 핑계로 진료를 미루다가, 43세가 된 어느 날 초등학교 5학년이 된 딸이 아빠와 심하게 다투고 가출하면서 충격을 받고 진료에 동의하였다. 단, 자기만 정신과 진료를 받는 것은 억울하니 아내와 딸도 함께 검사 받는다는 조건이었다. ADHD 외에도 우울증, 강박장애, 성격장애 등 공존장애를 염두에 두고 평가를 진행하였다. 평가 후 아내나 딸 문제보다는 E씨의 만성화된 주의력결핍으로 잠정 진단하였다. 주치의는 E씨에게 검사 결과를 설명해주었고, 이를 충분히 검토한 E씨는 '자신이 남의 말을 잘 듣지 않고 공감하기 어렵다'는 점을 인정하고 치료에 동의하였다. 아내와 딸에게는 E씨와 적대적 관계보다는 지지하는 관계로 전환할 수 있도록 교육하였다.

약물치료 초기 E씨는 40년 이상 살면서 남이 하는 말이 매 순간 그대로 귀에 들어오는 희한한 경험을 했다. 전에는 매일 아침 스마트폰 스케줄러를 확인하고 책상 위에 포스트잇 메모지를 써서 붙여놓아도 이것저것 손대다 보니 저녁 때가 되면 마무리 된 게 없었는데, 이제는 일정 중 우선순위를 정해서 처리하고 있는 자신을 보면서 깜짝 놀랐다. 매일 아침 약물 복용 후 원래 모습과 달리 매사 주저하는 느낌을 받기는 하지만 스스로 인식하고 대처할 수 있는 정도였다. 전반적으로 삶의 질은 향상되었다. 치료 개시 후 연구 몰입도가 향상되었으며, 무엇보다 가족들이나 주변 사람들과의 갈등이 현저히 줄었다.

지난 삶에서,
지지와 격려의 부재

　E씨는 어떤 성장 과정을 거쳤을까? 어렸을 때 ADHD를 의심할 만한 상황은 없었던 것일까.

　그는 중산층 가정 출생으로 3남매 중 둘째 겸 장남이었다. 두 살 위의 누나는 어릴 때부터 지적으로 매우 뛰어났고 친구 관계도 원만했으며 운동도 잘했다. 세 살 아래의 남동생은 애교가 많아서 항상 집안의 귀염둥이였다. E씨는 어릴 때부터 뭔가를 잘해내도 항상 누나보다 못하다는 평가를 받으면서 자신은 똑똑하지 않다고 생각했다. 누나보다 잘해보려고 오랫동안 책상 앞에 앉아 있기는 하지만 항상 결과는 기대에 미치지 못하였다. 기발한 생각이나 엉뚱한 행동 등으로 가족들을 즐겁게 해주기도 하였으나, 가족들은 E씨를 나사가 하나 빠진 아이로 여겼다. 특히 E씨의 아버지는 그를 항상 누나와 비교하였고, "네 누나가 장남으로 태어났어야 하는데"라는 말로 반복적으로 상처를 주었다.

　그런 E씨를 다독여주고 기운을 북돋아주시던 할머니가 E씨가 초등학생일 때 돌아가신 뒤, E씨는 급격히 소심해지기 시작하였다. 이 무렵, 사소한 일에서 강박행동을 보였다. 예를 들면 다른 애들은 맨발로 다니는 한여름에도 매일 흰 양말을 발목까지 올라오게 신는다든가, 필통 속에 다섯 자루 연필과 두 개의 지우개를 같은 순서로 넣고 다녔다.

초등학교 6학년 담임교사는 E씨의 잠재력을 일깨워주기 위해 노력했고, 담임교사의 격려 속에서 E씨의 성적은 빠르게 향상되었다. 강박행동도 거의 사라졌으며 6학년 내내 반에서 일등을 유지했다. 그러다가 중학교 입학 후에는 과목이 늘어나고 담당교사들이 매시간 바뀌는 등의 변화에 적응하지 못하였고, 조용하게 중학교 시절을 지냈다. 고등학교 입학 후 공부는 중위권을 유지하였으나 학교생활에 의욕을 잃고 거의 매일 지각하여 담임교사의 미움을 받았다. 부모도 E씨를 거의 포기하다시피 했다.

그러다가 고3이 되기 얼마 전 어머니와 긴 대화를 나누게 되었는데, 어머니는 E씨의 무기력한 학교생활이 낮은 자존감과 만성적 무력감에 의한 것임을 알게 되었다. 또한 E씨가 가족들이 자기를 사랑하지 않는다고 생각하는 것도 알게 되었다. 어머니는 E씨가 어릴 때부터 얼마나 창의적이고 똑똑한 아이였는지 이야기해주었고, 지금도 어머니가 E씨를 많이 아끼고 사랑하며 언젠가 잠재된 능력을 발휘할 것으로 믿고 있음을 전했다. 이후 재수하면서 전과 달리 엄청난 열의를 가지고 공부하였고, 서울 소재 명문 대학에 입학하였다.

군 제대 무렵 어머니가 암으로 일 년여 투병 후 돌아가셨고, 복학 후 새롭게 배정된 지도교수는 E씨의 순발력과 창의력을 칭찬하고 격려하였다. 이후에는 우수한 성적으로 대학을 마치고 지도교수의 격려로 대학원에 진학하였고 여전히 시간관리와 과제 제출 마감을 지키지 못하는 등 문제가 있었으나, 한 번 발동이 걸리면 며칠씩 밤을 새서 실험하고 좋은 논문을 발표하는 등 뛰어난 성과를 인정받아 대학원을 마친 후 전임교원 발령을 받았다. 그리고 대학원 재학 중 지금의 아내를 만나게 되었다.

능력을 끌어내는 지지체계 구축하기

E씨의 경우 실제로는 높은 지능의 소유자임에도 불구하고, 적절한 지지체계가 없으면 주의력결핍이라는 문제가 불거지고

지적 기능이 떨어지는 약점이 있었다. 적절한 약물치료로 주의력결핍과 감정기복 문제를 보완해주고, 주변인물, 특히 아내와 딸에 대한 공감능력을 강화시키는 프로그램을 통해 적대적 관계였던 가족들이 지지체계로 돌아서며 E씨의 행동 문제는 개선되기 시작했다. 하지만 남의 말을 경청할 수 있게 되고 공감하게 된다는 것은 자신의 단점을 들춰내고 인식하게 되는 것이고, 그에 따라 오는 심리적 부담을 감당하고 경감시키는 훈련과 노력이 필요하였다. 즉, 약물치료와 가족면담 등 치료 과정을 유지하더라도 ADHD 특성은 그대로 남아 있게 되므로, 약물치료 외에도 가족 및 직장생활 문제에 대해서도 지속적 코칭이 필요하다. 특히 장남이라는 확대가족 내에서의 위치에 대한 의무와 권리에 대한 교육도 추가적으로 필요하다. 주변의 수용 정도와 본인의 행동 수정에 대한 노력 정도에 따라 병원 치료 의존도는 점점 낮아질 것이라고 기대할 수 있다.

이처럼 성인 ADHD 진단 이후 본인의 노력도 중요하지만 주변 가족과 지인들의 도움도 필요하다. ADHD 환자 본인이나 가족, 주변인에게 받는 마음의 무게도 상당하다. 유전적 요인이 영향을 미친다고 알려져 있기 때문에 '내 아이에게도?'라는 마음이 들 수밖에 없다. 그래서 다 함께 이를 받아들이는 준비도 필요하다. 마음의 준비가 되었어도 ADHD 확진을 받으면 여러 갈래의 마음이 드는데 가족도 마찬가지일 것이다.

삶이란 프리즘처럼 어디서 바라보는가에 따라 비춰지는 색이 달라진다. E씨의 경우처럼 ADHD 진단 전의 검정색 삶에서 치료를 통해 점차 밝은 색으로 옮아갈 수 있다. 물론 이 과정까지는 많은 인내가 필요할 것이다.

어떤 사람을 설명할 때 단 하나의 수식어로 설명할 수 있을까? 그 사람을 언제, 어떤 상황에서 보았는가에 따라 그 사람의 색은 달라질 수 있다. 사람에게 담긴 다양한 면을 한 가지로 정의내릴 수는 없다. 성장 과정에서 든든한 지지체계인 할머니나 담임교사가 있을 땐 E씨의 똑똑하고 유능한 면이 빛났다. 어머니가 자신의 외로웠던 면을 알아주고 다독여주자, 자신의 장점을 꺼내어 추진시켰다. E씨는 유독 지지체계에 영향을 많이 받는 사람이었다. 자신을 움직이는 내적, 외적 동기 요인은 사람마다 다를 것이다. 다만 이 과정에서 '나는 어떤 사람인지', '어떤 점을 가지고 있는지' 자신을 잘 이해하고 아는 것이 무엇보다 중요하다.

사람 안에 깃든 여러 가지 면들이 장점이 될 수도 있고, 단점이 될 수도 있다. 인생궤적 연구는 좀 더 객관적으로 자신을 바라보고 장점은 부각시키고 단점은 상쇄시킬 수 있는 시선을 갖게 해준다. 이 과정을 통해 진정한 나를 이해함으로써 남은 삶을 좀 더 의미 있고 소중하게 여길 수 있는 힘을 키우기를 바란다. 그 힘은 곧 자신 안의 가치를 깨닫게 할 것이라 믿는다.

5장
자신의 삶을
찾은 사람들

25년 인생 중
20년을 치료받은 아이

인생궤적 연구를 언급하면서 들려주고 싶은 사례가 있다. 짧은 사례와 다소 긴 사례가 될 것이다.

먼저 25년의 인생을 살면서 20년을 ADHD 치료와 함께 한 M군 이야기다. M군은 지능이 매우 높았고 관심 없는 일에 집중하는 것은 거의 불가능한 아이였다. 유치원에서 학습을 시작하자 아이는 더 산만해졌다. 초등학교 입학 전부터 초등 3~4

학년 수학을 혼자 풀 수 있는 아이가 다른 아이들과 함께 1부터 10까지 쓰기를 반복하는 일은 너무 힘들었을 것이다. 어머니는 머리 좋은 아이를 어떻게든 더 잘 키워보려고 갖은 애를 썼지만 그럴수록 아이의 반항심은 깊어졌다.

이 무렵, 엄마와 아이가 내가 있는 병원을 찾아왔다. 초등학교 입학 후 M군은 매일 지적받는 게 일과였다. 어느 날은 병원에 와서 자랑스럽게 큰 소리로 말했다. "선생님, 오늘은 학교에서 혼나지 않았어요!" 순간, 눈물이 핑 돌았다. 그동안 얼마나 혼났으면 안 혼난 게 자랑이 되었을까.

한 달에 한 번 외래에 올 때마다 답답한 마음을 주체하지 못하고 우는 M군의 엄마를 달래야 했다. 아이가 어리지만 앞가림을 충분히 할 수 있으니 너무 다그칠 필요가 없다고, 우리 생각보다 M군은 잘해나갈 수 있다고 설득하는 시간이기도 했다.

M군을 믿는 근거 중 하나는 운동 친구가 있다는 사실이었다. ADHD가 있는 아이들은 크면서 친구 사귀기가 어려운데 또래관계를 줄곧 유지하고 있었다. 나중에 중·고등학교 때도 농구 외에 축구, 탁구 등 친구들과 어울리는 운동을 계속했다. 중학교에서는 수학과목 말고는 모든 과목 교사들의 공공의 적이 되었다. 주로 나오는 방학 때 만날 수 있었는데, 잘 자라고

있다는 믿음을 심어주기에 충분할 정도의 의젓함을 보여 안심했다. 고등학교에서도 여전히 좋아하는 과목이 수학이었고 의외로 제2외국어에 관심을 보였다. M군의 변화를 어렴풋이 느끼고 있을 무렵, 고등학교 1학년 겨울방학 때 내게 자신의 결심을 들려주었다.

"이제는 이렇게 살면 안 되겠어요. 목표가 생겼거든요."

국내 유수의 재단에서 후원하는 해외유학장학생 모집에 지원하겠다고 했다. 그런 이유로 제2외국어에 관심을 보인 것을 알게 되었다. 그리고 고 2~3학년 때 딴사람이 된 것처럼 공부에 매진하였고, 수백 대 1의 경쟁을 뚫고 기적처럼 장학생에 선발되었다. 현재 해외대학에서 공부하고 있으며 약물은 계속 복용하고 있다. 약을 먹지 않으면 생각들이 너무 많고 기분이 들떠서 체계적으로 일을 해내기 힘들기 때문이다.

M군 어머니의 과도한 불안과 엄격한 훈육이 아이를 힘들게 한 부분도 있을 것이다. 하지만 확신할 수 있었던 것은 어머니는 항상 그 자리에서 M군을 지켜주고 있었다. 지속적이고 꾸준한 사랑, 그것은 아이가 엇나가지 않게 지켜준 힘이 된 것으로

보인다. 긴 시간이 걸렸지만 M군은 결국 자신의 삶을 찾았다. 불안했던 M군의 어머니가 아이를 믿고 기다릴 수 있도록 설득했던 치료자의 긍정적인 역할이 있었던 것 같아 오히려 내가 큰 힘을 얻었다.

치료의 핵심, 본인의 의지와 가족의 지지

그리고 또 하나. 20년의 세월보다 한층 더 오랜 시간을 이겨낸, 65년의 긴 인생궤적을 갖고 있는 환자, Z씨의 이야기다. 성인 ADHD 환자를 보기 시작한 뒤로 점점 환자들의 연령대도 높아지고 있다. 주목할 만한 것은 60세 이상 새로운 환자는 거의 여성이라는 점이다. Z씨도 그 중 한 명이었는데, 처음 외래에 왔을 때는 60대 중반이었다. 젊을 때부터 우울증으로 몇 군데 정신과에서 치료를 받은 적이 있었다. 신혼 초에는 시집살이로 마음 고생을 하기도 하고, 남편의 외도와 경제적 무능력 때문에 가장 역할도 해야 해서 많이 힘들었다. 아이들이 생기고부터는 힘든 일이 더 늘었다. 덤벙거리는 성격이기도 했고 잘 잊어버리는 버릇 때문에 아이들 도시락이나 준비물을 제대로 챙기지 못할 때가 많았기 때문이다. 원래 성격이 급하다 보니 고부갈등도 심해졌고, 남편은 물론 아들과도 계속 부딪혔다.

병원에 온 이유는 자기에게 ADHD가 있는지 알아보고 싶다는 것이었다. 과거 정신과에서 치료받았던 병력을 이야기하면서 "우울증 치료를 오래 받아왔지만, 이제 스트레스 받을 일도 거의 해결되었는데도 여전히 잘 까먹고 홈쇼핑에서 쓸데없는 거 알면서 사들이고 집 안이 예나 지금이나 엉망인 것이 유튜브에서 본 ADHD 같다"는 것이었다. 그리고 차분히 앉아서 가계부 써보는 게 소원이라고도 했다. 40분 정도 면담하는 동안 주제가 자꾸 바뀌고, 40여 년 전 내용부터 엊그제 있었던 일까지 오르락내리락해서 의사인 내가 넋이 빠질 정도였지만 힘을 다해 도움을 주고 싶었다. 환자의 의지가 느껴졌기 때문이다.

우선 보조 검사를 통해 다른 정신장애나 건강 문제가 없는지 확인하였다. 과거력에서 우울증이 있었던 것은 이전 병원 진료기록을 통해 확인하였고, 현재 상태는 ADHD 복합형이 주 진단인 것으로 판단하였다. Z씨 외에 다른 가족은 진료에 참여하기를 거부하였다. 따라서 조울병 등 공존장애를 완전히 배제하기가 어려워서 ADHD 약물 사용은 신중하게 진행하였다.

약물 부작용 없이 용량 조절을 마쳤고 치료는 예정대로 이어졌다. 첫 외래 후 3개월이 경과할 무렵 버킷리스트 중 하나인 뜨개질로 손주 털목도리 짜기를 해냈다고 스마트폰에 찍힌 사진을 보여주었다. 6개월째 되는 날에는 지난달 가계부를 작성했다며 가계부를 펼쳐 보였다. 이제 목표와 희망이 생겼다며 노후를 위해 요양보호사 자격증 시험 준비를 하겠노라고 했다.

Z씨의 환한 안도의 얼굴, 그리고 더 나은 삶에 대한 갈망이 진료실의 분위기를 바꿔주었다. 노년에도 끝까지 희망을 버리지 않고, 용기 내어준 것이 고마웠다. Z씨의 외적 통제요인은 어릴 때부터 그녀의 문제행동을 수용해주고 잠재력을 믿고 지지해준 친정어머니였다. 친정어머니는 여전히 Z씨의 영원한 정신적 지주 역할을 하고 있는 듯했다. Z씨의 힘든 결혼생활, 자녀들과 갈등 상황에서 자존감이 추락할 때마다 Z씨를 일으켜주었다. ADHD 특성이 두드러지기는 했으나 Z씨의 인지기능은 잘 보존되어 있었으며, 약물치료로 수행기능이 향상되면서 Z씨의 생활의 질 역시 향상되었다.

앞에 소개한 25세 M군은 어릴 때부터 ADHD임을 알고 오랫동안 치료를 받고 있지만 자기가 이루고 싶은 길을 가고 있다. Z씨는 환갑이 넘은 나이에 ADHD라는 병이 있음을 알게 되었지만, 그간 경험하지 못했던 기쁨과 보람을 느끼고 있다.

이들과 함께하는 여정은 끝나지 않았다. M군이 앞으로 살아갈 인생에서 마주칠 결혼, 취업 같은 관문에서 의사로서 도움을 줄 것이며, Z씨가 서두르지 않고 자신의 ADHD 에너지를 잘 활용하도록 도울 것이다. 한편 Z씨가 오랜 세월 ADHD를 모른 채 살면서 자신을 지켜온 지혜를 배우고, 그녀의 인생 행로를 통해 ADHD 특징이 그동안 어떤 긍정적 요인으로 작용했을지 찾아낼 수 있기를 기대한다. ADHD를 치료하면서 배운 지식은 또 다른 환자를 돕는 거름이 될 수 있기 때문이다.

수십 년간 수많은 환자를 마주하고, 그들과 함께 오랜 여정을 함께하면서 깨달은 바는 이것이다.

"훌륭한 환자가 훌륭한 선생님입니다."

이 여정은 오늘도 계속되고 있다.

성인 ADHD를 이해하기 위한 사례 3

ADHD를 아는 것, 나를 아는 것

혁신과 천재의 아이콘,
레오나르도 다빈치

인물에 대한 소개

레오나르도 다빈치! 정확한 직업을 지칭하기 어려울 정도로 다양한 분야의 다재다능함을 갖춘 위대한 인물이다. 이미 그는 유명한 화가이자 조각가이기도 하지만 의사들이 공부하는 인체 해부도의 저자이기도 하며, 수금 연주자, 공격용 무기 설계자, 헬리콥터 설계자, 도시계획 설계자, 천문학자, 수력 역학자 등 다방면의 선구자이자 권위자였다.

그런 레오나르도 다빈치의 기록을 살펴보면 ADHD 특유의 기질들이 눈에 띈다. 그렇다면 ADHD 관점에서 그의 삶을 살펴보기로 하자.

다빈치의 개인력

1452년, 이탈리아 플로렌스 공화국의 빈치 마을에 살던 십대 중반의 고아 여자아이는 자기보다 나이가 열 살 정도 많은 동네 부잣집 큰아들과 사랑에 빠져 아이를 낳았고, 이름을 '빈치 마을 피에로 씨의 아들, 레오나르도'라는 뜻에서 '레오나르도 디 세르 피에로 다 빈치'라고 지었다. 출생 당시부터 성인이 된 후에도 평생 다빈치는 가족 일로 상처를 받으며 살게 된다. 당시 교육의 기초는 라틴어를 배우는 것인데 다빈치는 집안에 경제적 여력이 있었음에도 라틴어를 배우지 않았다. 왼손으로 글을 쓰기 시작하면 대개 오른손으로 쓰도록 훈육을 받는데 그는 끝내 왼손으로 글을 썼고, 다른 사람은 알아보기 힘들었다. 어릴 때부터 아무도 그의 고집을 꺾기 어려웠고, 자신의 관심사에만 몰입하는 아이였다. 다방면으로 궁금한 게 많았기에 어른들에게 질문을 많이 하였으나 그의 질문에 답을 줄 수 있는 사람이 별로 없었다. 그래서 항상 자신이 답을 찾기 위해 노력하게 되었다.

아버지의 친구였던 화가 베르키오는 어린 다빈치의 미술적 천재성을 알아본 첫 인물로 당장 다빈치를 자신의 제자로 삼는다. 십대 중반부터 피렌체의 베르키오 공방에서 그림과 조각에 대한 도제교육을 받기 시작하였고 20세 되던 해 스승과 함께 '그리스도의 세계'라는 작품을 완성한다. 베르키오는 이 그림 작업을 하면서 다빈치의 천재성을 다시 한번 확인하였고, 자신은 다시는 유화를 그리지 않게 된다.

정확한 상관관계를 입증하기에는 자료가 불충분하지만, 다빈치의 출생과 복잡한 가족관계는 ADHD 특성 외에 성격 발달에 영향을 주었을 것으로 보인다. 주변 인물들은 그의 성격에 대하여 다음과 같이 평가했다.

"변덕스럽고 규칙을 지키지 않으며 계획을 세우지 않고, 앞날에 대한 생각이 없이 하루하루 살아가는 듯하다. 변덕만 부리지 않으면 특정 분야에서 더 숙련된 기술을 연마하고 발전할 수 있겠지만 그 기회를 항상 놓친다. 숫자에 약한지 계산을 잘 못하고, 호기심은 넘쳐서 모든 것에 마음이 끌리는 듯하다. 정리정돈이라는 게 없고 아무데나 생각이나 내용을 기록한다. 항상 마음이 급한지, 어떤 경우는 몇 달이 걸릴 큰 그림 작품을 시작도 하기 전에 마무리를 무슨 색을 사용할지 생각할 정도였다."

마무리되지 못한 일들

다빈치는 20대 중반 자신의 공방을 차리며 독립한다. 당시 사회적으로 화가는 귀족이나 왕족의 후원을 받고 작업을 하였으므로 다빈치도 후원자를 구하게 되었다. 밀라노의 세도가인 루도비코 스포르사라는 귀족은 다빈치의 수금 연주에 반했고, 그가 제시하는 대포나 공격용 기계 같은 무기 발명 제안서에 끌려서 그를 후원하기 시작한다. 그 후에도 체사레 보르자, 샤를르 담 부아즈 같은 여러 후원자들이 다빈치를 후원하지만 대부분 좋지 않게 끝이 난다.

후원 초기에는 다빈치의 명성과 매력적인 기획안에 혹하게 되지만 뭔가 결과물을 만들어내지 못하거나 약속한 성과를 기한 내에 제출하지 못하는 등 약속을 지키지 못하고 불신감이 생겼기 때문이다. 다빈치 입장에서는 작품이 완벽하지 못하기 때문이라든가, 진행 과정에서 다른 주제나 업무에 관심이 폭발하여 잠시 미뤄두었을 뿐이라든가 하는 이유가 충분히 있지만, 후원자들은 이를 받아들이기 어려웠다. 예를 들면, 다빈치의 대표작인 '모나리자'는 피렌체의 거상인 프란체스코 델 지오콘도의 부인 '리자 델 지오콘도'의 초상화라고 알려져 있다. 1503년 경 초상화 의뢰를 받아 그리기 시작하였으나 1519년 그가 사망할 때까지도 의뢰인에게 그림을 전달하지 못하였다. 이유는 불확실하지만 그림 작업을 진행하던 중 해부학에 몰입하면서 입술의 움직임을 확정짓지 못해서라는 설도 있다. 그가 사망한 뒤 그의 제자에게 넘어간 것으로 알려져 있다. 비슷한 시기를 살았던 르네상스 시대의 천재 작가인 미켈란제로는 천재성을 지니고 있음에도 성실하게 마감기일과 약속을 잘 지키기로 유명하였고, 평생 미술 분야에만 종사하며 많은 작품을 남긴 점에서 다빈치와 비교된다.

역사적으로 프랑스, 이탈리아의 도시 공국, 교황청 등의 정치적 갈등과 전쟁 등으로 다빈치의 후원자가 바뀌게 되는 일도 영향을 미쳤다. 그 밖에도 교회나 부자들에게 의뢰받은 작업들도 약속한 기일 내에 완성하지 못하는 일들이 반복되면서 주변의 신용을 잃게 되었다.

다양한 분야의 천재성

그림 작업이 주 업무이기는 했으나, 평생 다양한 분야에 관심과 열정을 쏟았다. 인체 해부도, 무기개발 설계도, 기타 다양한 분야의 연구 기록 등은 훗날 해당분야 전문가들에 의해 상위 0.01% 수준의 전문성을 인정받았다. 20대 중반에는 기계장치와 비행역학 연구를 하였다. 30대 초 흑사병이 유럽 전역을 강타하였고, 당시 도시계획, 수로 체계, 도시 위생에 관심을 가졌다. 흑사병에 대한 관심이 가라앉으면서 헬리콥터 같은 비행기계 연구를 계속하였다. 또한 인체 해부에 오랫동안 관심과 노력을 쏟았다. 1487-1493년 동안 해부도를 작성하는 데 공을 들였고, 1508~1513년 기간에 다시 인체해부에 몰입하였다. 100세가 넘은 남성에게는 죽기 직전에 허락을 받은 뒤 사망 후 해부하기도 하였다. 당시 함께 작업한 의과대학의 젊은 해부학 교수가 중간에 전염병으로 사망하면서 해부도 출간이 무산되었다가 1513년~1516년에 다시 해부도를 완성하였다. 다빈치의 해부도는 240여 장에 이르고 해부도 설명에 13,000여 단어를 사용하였다.

그의 무한한 호기심으로 인한 관심 주제가 바뀌는 경우도 있었으나, 그를 후원하는 귀족, 왕족, 교황 등의 요구로 식물학, 지리학, 천문학, 무기 개발, 공학, 수학 등 다양한 분야를 연구하기도 하였다. 당시 사회적, 정치적 상황 때문이기도 했지만 그런 이유로 다빈치는 한 곳에 정착하지 못하고 피렌체, 밀라노, (다시)

피렌체, 바티칸 등으로 옮겨 다니며 생활하였다. 운 좋게도 훗날 1516년부터는 프랑스 왕 프란시스 1세가 앙부아즈 성 근처의 끌로 뤼세에 집을 제공하였고, 일정한 급여도 제공하면서 작품활동에 대한 압박도 가하지 않았다. 그림도 그리고 공학, 건축학 등에 대해서도 공부하였고, 1519년 사망하였다.

정신의학적 고려사항

600여 년 전 인물에 대해 ADHD 진단 여부를 따지는 것은 적절치 않을 수도 있으나 그의 행적을 통해 ADHD 특성을 알아볼 수 있다. 그를 통해 ADHD 증상의 양면성을 살펴본다.

다빈치는 강박적이고, 기발하고, 유쾌하고, 산만한 사람이었다고 한다. 기발함은 그의 대표적 특징인 끊임없는 호기심과 연결된다. 그의 호기심은 끝이 없었고, 매우 심도 있고 세밀한 부분에 대해서도 알고 싶어 했으나, 당시 그 호기심을 채워줄 만한 학자가 없었다.

다빈치가 여러 분야에서 많은 업적을 남기게 된 이유다. 그는 항상 어린아이처럼 궁금한 게 많았다. 상상 속에서 남들이 볼 수 없는 것들까지 볼 수 있었다. 예를 들어 남들은 하늘에 나는 새를 보는데, 그는 새 말고 천사나 용이 나는 것도 볼 수 있었다. 또한 궁금한 것이 생기면 즉각 해결하려고 했으며, 때로는 뭔가를 해결하기 위해 시간 가는 줄 모르고 사물을 관찰하기도 했다. 이러한 특징은 ADHD의 주의력결핍 증세와 같은 맥락이다. 흔히 주의력결핍형 ADHD의 특징으로 멍 때림을 말한다.

이때 멍 때림이란 의식이 없다기보다 다빈치의 관찰행동처럼 뭔가에 몰입하였거나 공상의 나래를 펴고 있는 상태일 수 있다. 다빈치가 쉽게 산만해지는 사람이라는 점도 주의산만 증상 중 하나인 '외부 자극에 의해 쉽게 주의가 산만해짐'과 유사하다.

다빈치가 천재 화가임은 틀림없으나 생전에 완성한 작품이 20점을 넘지 않는다는 것은 업무를 끝내지 못하고 지연하기, 미루기 같은 대표적 주의산만 증상을 말해준다. 앞서 말한 모나리자 작품을 끝내 의뢰인에게 전달하지 못한 것도 미루기 행동으로 볼 수 있다. 하지만 그 이유가 작품 제작 과정에서 해부학, 뇌

신경학, 광학 등 여러 방면의 지식이 완성될 때까지 초상화의 입술 부위 그리기를 미뤘다는 설을 고려하면 지독한 완벽주의 성향도 생각할 수 있다. ADHD 환자들 중에 의외로 꼼꼼하기 이를 데 없는 완벽주의 성향이 나타나는 것과 비슷한 맥락이 아닐까 싶다.

이처럼 그에게 있었던 문제들을 통해 몇 가지 ADHD 주의력 결핍 유형 특성을 정리하면, 첫째, 중요한 일을 거의 다 진행한 뒤 마무리를 짓지 못함, 둘째, 체계적으로 진행해야 하는 업무를 순서대로 처리하는 데 문제가 있음, 셋째, 약속이나 의무를 완수하기 어려움, 넷째, 자신의 호기심 등 충동을 조절하지 못함 등이다. 다빈치의 천재성을 약화시키지 않으면서 인류가 발전하고 후대에 행복을 줄 수 있는 작품을 더 많이 남길 수 있었다면 좋았을 것이다.

다빈치의 메시지

그의 전기를 쓴 아이작슨은 다빈치에 대해 ADHD라는 표현을 하지는 않았다. 단지 그가 천재일 뿐 아니라 매우 인간적이었다고 기술하였다. 아이작슨이 다빈치에 대해 천재이면서 인간적이었다고 했던 이유 중 하나는 그가 작업의 질과 완성도를 높이기 위해서는 공동 작업을 마다하지 않았다는 것이다. 다빈치는 창조란 협동심의 산물이라고 생각한 듯하다.

다빈치는 천재였으며 ADHD였을 것으로 추정된다. 그렇다고 해서 모든 ADHD가 예술이나 특정 부문에 천재성을 띄고 있다는 것은 아니다. 다빈치를 통해 일상에서 사물에 대한 호기심을 잃지 않고, 답을 구하기 위해 끈기 있게 노력하고, 더 나은 결과를 위해 협력하자는 교훈을 배울 수 있다. 다빈치가 지독하게 마감을 지키지 못했다는 것도 위로가 된다.

다빈치의 ADHD 성향은 집중하기 어려운 불편함도 있었지만 호기심과 추진력과도 맞닿아 있었다. 다빈치는 분명 높은 지능과 엄청난 창의력을 가진 존재였고, 일생 동안 왕성한 호기심으로 다양한 분야에 접근했다. 이런 호기심은 천재적인 창의성의 원천이었고 엄청난 추진력을 발휘하는 힘이 되었다. 그리고 그 힘은 오늘날 인류의 성장에 한 획을 그었다.

다빈치는 매우 뛰어난 천재였다. 다빈치의 지난 삶을 통해 ADHD의 성향을 파악하고 자신 안에 어떤 잠재력을 꺼낼 수 있는가에 대해서 생각해볼 수 있다. ADHD는 참 다양한 가능성을 담고 있다. 그리고 ADHD를 아는 것은 또 다른 가능성의 시작일 수 있다. 어느 ADHD인이 우리 곁에 있는 수많은 ADHD인들에게 들려준 말이 인상적이다.

"당신은 그저 다를 뿐, 당신 자체로 아름답습니다. 자신이 ADHD가 아니라면, 그것은 ADHD인 누군가를 알 수 있는 기회입니다. 그들은 당신의 직원, 당신의 상사, 당신의 친구들입니다. ADHD를 통해 자신을 더 잘 이해할 수 있는 기회가 될 것입니다."

Epilogue

　책을 시작하면서 해리포터 시리즈를 읽을 때처럼 몰입할 수 있는 책이 되면 좋겠다고 했다. 다 쓰고 보니, 벅찬 바람이었을까 돌아보게 된다. 하지만 해리포터 소설 속 주인공들이 온갖 고난을 다 이겨내고 해피엔딩을 맞이한 것처럼, 이 책을 읽는 ADHD 성인들의 인생궤적도 해피엔딩으로 연결될 수 있으리라 믿는다.

　책 출판의 신호탄을 쏘아주신 라이프앤페이지 출판사에 감사의 말을 전한다. 책 쓸 시간을 만들어주신 경희대학교 김기택 의무부총장, 오주형 병원장께도 고마움을 전하고 싶다. 가족과 함께 할 시간을 책에 쏟아내는 걸 눈감아준 가족들의 지지와 배려에 대한 고마움은 이루 말할 수 없다. 끝으로

ADHD가 인연이 되어 만나게 된 분들이 보여주는 용기와 끈기에 큰 박수를 보내고 싶다.

참고 문헌

프롤로그

대한소아청소년정신의학회 ADHD 안내 누리집. www.adhd.or.kr

J.K.롤링 지음. 강동혁 옮김. 해리포터와 마법사의 돌. 문학수첩, 1997년 6월.

J.K.롤링 지음. 강동혁 옮김. 해리포터와 죽음의 성물. 문학수첩, 2007년.

1부

◆1장

반건호, 이기철, 장환일. HLA-DR2 양성반응을 보인 기면병 1례. 신경정신의학 1998;27:929-932.

◆2장

Philip Shaw, et al. Attention-deficit/hyperactivity disorder is characterized by a delay in cortical maturation. Proc Natl Acad Sci USA 2007;104(49):19649-19654.

◆3장

권준수(대표역자). 정신질환의 진단 및 통계 편람, 제5판. 학지사, 2015년.

Harrington KM, Waldman ID. Evaluating the utility of sluggish cognitive tempo in discriminating among DSM-IV ADHD subtypes. Journal of Abnormal Child Psychology 2010, 38:173-184.

Berk Ustun, et al. The World Health Organization Adult Attention-Deficit/

Hyperactivity Disorder Self-Report Screening Scale for DSM-5. JAMA Psychiatry 2017;74(5):520-527.

Jihae Kim, Eun-ho Lee, Yoo-Sook Joung. The WHO adult ADHD self-report scale: reliability and validity of the Korean version. Psychiatry Investigation 2013;10(1):41-46.

Minha Hong, JJ Sandra Kooij, Bongseog Kim, Yoo-Sook Joung, Hanik K Yoo, Eui-Jung Kim, Soyoung Iree Lee, Soo Young Bhang, Young Sik Lee, Doug Hyun Han, Seung Yup Lee, Geon Ho Bahn. Validity of the Korean version of DIVA: A semi-structuredd Diagnostic Interview for Adult ADHD. Neuropsychiatric Disease and Treatment 2020;16:2371-2376.

Geon Ho Bahn, Young Sik Lee, Hanik K. Yoo, Eui-Jung Kim, Subin Park, Doug Hyun Han, Minha Hong, Bongseog Kim, Soyoung Irene Lee, Soo Young Bhang, Seung Yup Lee, Jin Pyo Hong, Yoo-Sook Joung. Development of the Korean Practice Parameter for Adult Attention-Deficit/Hyperactivity Disorder. Journal of the Korean Academy of Child and Adolescent Psychiatry 2020;31(1):5-25.

◆4장

현기정, 김봉석, 김붕년, 김인향, 박정하, 반건호, 이문수, 이소영, 이영식, 한덕현. 주요공존장애를 동반하는 주의력결핍 과잉행동장애의 임상 진료지침. 신경정신의학 2016;55(4):343-356.

◆부록

반건호, 배재호, 문수진, 민정원. 주의력결핍 과잉행동장애, 과거에도 있었을까? 역사적 고찰을 중심으로. 소아청소년정신의학 2011;22:57-66.

Heinrich Hoffmann. Der Struwwelpeter (Shock-headed Peter). 1845.

2부
◆1장
반건호, 홍민하, 이연정, 한주희, 오수현. 주의력결핍 과잉행동장애 치료의 역사

적 재조명: 약물치료적 접근. 생물정신의학 2014;21(2):37-48.

안동현, 김봉석, 두정일, 박태원, 반건호, 신민섭, 신윤미, 양수진, 이성직, 이소영, 이재욱, 임명호, 정유숙, 천근아, 홍현주. ADHD의 통합적 이해. 학지사, 2015년.

홍강의(대표저자). DSM-5에 준하여 새롭게 쓴 소아정신의학. 학지사, 2014년, 180-201쪽.

Geon Ho Bahn, Kyung-Hoon Seo. Combined medication with stimulants and non-stimulants for attention-deficit/hyperactivity disorder. Clinical Psychopharmacology and Neuroscience 2021; 19(4): 705-711.

Ah-Rah Lee, Geon Ho Bahn. Trends of mental disorders and treatment continuity predictors of new patients in the paediatric psychiatry clinic of a university hospital. International Journal of Environmental Research and Public Health 2021;18(18)9613.

Minha Hong, Young Sook Kwack, Yoo-Sook Joung, Soyoung Irene Lee, Bongseog Kim, Seok Han Sohn, Un-sun Chung, Jaewon Yang, Soo-Young Bhang, Jun-Won Hwang, Hyung-yun Choi,, In Hwan Oh, Yeon Jung Lee, Geon Ho Bahn. Nationwide rate of attention-deficit hyperactivity disorder diagnosis and pharmacotherapy in Korea in 2008-2011. Asia-Pacific Psychiatry 2014;6(4):379-385.

Jessica Bramham, Susan Young, Alison Bickerdike, Deborah Spain, Denise McCartan, Kiriakos Xenitidis. Evaluation of group cognitive behavioral therapy for adults with ADHD. Journal of attention disorders 2009;12(5):434-441.

◆2장

Marcel Romanos, David Weise, Mira Schliesser, martin Schecklmann, Julia L. ffler, Andreas Warnke, Manfred Gerlach, Joseph Classen, Claudia Mehler-Wex. Structural abnormality of the substantia nigra in children with attention-deficit hyperactivity disorder. Journal of Psychiatry and Neuroscience 2010;35:55-58.

Geon Ho Bahn, Sang Min Lee, Minha Hong, Seung Yup Lee. Preliminary study of ADHD biomarkers in adults with focus on serum iron and transcranial sonography of the substantia nigra. International Journal of Environmental Research and Public Health 2021 May 3;18(9):4875.

◆ 3장

Kathleen G. Nadeau,Ellen B. Littman,Patricia O. Quinn 지음. 박경순 등 옮김. ADHD 소녀들 이해하기: ADHD 소녀들은 어떤 방식으로 감정을 느끼고 어떤 방식으로 행동하는가. 학지사, 2023년.

Lotta Borg Skoglund 지음. 반건호 옮김. 여성 ADHD: 투명소녀에서 번아웃 여인으로. 군자출판사, 2023년.

Bradley C, Bowen M. Amphetamine (benzedrine) therapy of children's behavior disorders. American Journal of Orthopsychiatry 1941;(1):92~103.

Hinshaw S, Nguyen PT, O'Grady SM, Rosenthal EA. Annual research review: Attention-deficit/hyperactivity disorder in girls and women: underrepresentation, longitudinal processes, and key directions. Journal of Child Psychology and Psychiatry 2022 Apr;63(4):484-496.

Seo JC, et al. Prevalence and comorbidities of attention deficit hyperactivity disorder among adults and children/adolescents in Korea. Clinical Psychopharmacology and Neuroscience 2022; 20(1): 126-134.

◆ 4장

Marieke Michielsen, Evert Semeijn, Hannie C Comijs, Peter van de Ven, Aartjan TF Beekman, Dorly JH Deeg, JJ Sandra Kooij. Prevalence of attention-deficit hyperactivity disorder in older adults in the Netherlands. The British Journal of Psychiatry 2012;201(4):298~305.

◆ 부록

Jakob Klompstra. Fireworks on the brain: A life with ADHD (English version). Publisher Watisdiejongendruk, 2011.

3부

◆1장

Jong Won Lee, Kyung-hoon Seo, Geon Ho Bahn. The positive aspects of attention-deficit/hyperactivity disorder among famous people. Psychiatry Investigation 2020 May;17(5):424-431.

월터 아이작슨 지음. 안진환 옮김. 스티브 잡스. 민음사, 2011년.

줄스 올리버 지음. 서영조 옮김. 줄스와 제이미 올리버의 맛있게 사는 이야기, 즐거운 상상, 2006년.

Todd Rose. Square peg: My story and what it means for raising innovators, visionaries, and out-of-box thinkers. Hyperion, 2013.

신윤미. ADHD 우리아이 어떻게 키워야 할까. 웅진지식하우스, 2022년.

◆2장

미국소아과학회 지음. 대한소아청소년과학회 발달위원회 옮김. ADHD에 대한 가장 완전한 지침서, 2판. 범문에듀케이션,2016년.

김강우 지음. 당신이 ADHD라고 해서, ADHD가 당신은 아니다: 기본편/공부편. 하나의학사, 2022년.

◆3장

Gi Moon Noh, Sang Min Lee, Geon Ho Bahn. Social function of adult men with attention-deficit/hyperactivity disorder in the context of military service. Neuropsychiatric Disease and Treatment 2018 Dec 7;14:3349-3354.

◆5장

Susan Young, Jessica Bramham 지음. 최병휘, 임미정, 곽욱환, 박준성, 김원, 조철래, 김선욱, 김혜경 옮김. 청소년 및 성인을 위한 ADHD의 인지행동치료, 제2판. 시그마프레스, 2019년.

◆부록

Jessica McCabe. howtoadhd.com

4부

◆ 1장

반건호. [정신과에 대한 사회적 편견 4편] 에르네스토와 체 게바라를 통해 ADHD 다시 알기. 정신의학신문. 2021년 4월 5일.

체 게바라 지음. 김홍락 옮김. 체 게바라의 볼리비아 일기: 어느 혁명가의 최후, 학고재, 2011년.

◆ 2장

반건호. What Psychotherapy Do Centenarians Need? 정신분석 2018;29(2):27-32.

◆ 3장

CHADD. ADHD Can Be a CEO's Secret Superpower

Neal Gabler. Walt Disney, the triumph of the American imagination. Vintage Books, 2006.

리처드 브랜슨 지음. 박슬라 옮김. 리처드 브랜슨 비즈니스 발가벗기기, 리더스북, 2010년.

◆ 부록

반건호. [서평] Leonardo da Vinci. Journal of the Korean Academy of Child and Adolescent Psychiatry 2019;30(1):45-47.

나는 왜 집중하지 못하는가

© 반건호, 2022

초판 1쇄 펴낸날 2022년 3월 28일
초판 8쇄 펴낸날 2024년 9월 5일

지은이 반건호
펴낸이 배경란 오세은
펴낸곳 라이프앤페이지
주 소 서울시 종로구 새문안로3길 36, 1004호
전 화 02-303-2097 **팩 스** 02-303-2098
이메일 sun@lifenpage.com
인스타그램 @lifenpage
홈페이지 www.lifenpage.com
출판등록 제2019-000322호(2019년 12월 11일)
디자인 ROOM 501

ISBN 979-11-91462-09-8 (03180)